주식보다 쉽고 펀드보다 효과적인
ETF투자지도

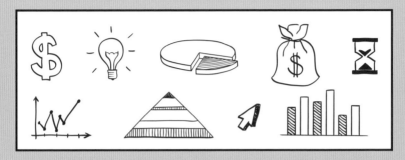

주식보다 쉽고 펀드보다 효과적인

ETF 투자 지도

딱 한 번 읽고 평생 써먹는 ETF 사용설명서 최창윤 지음

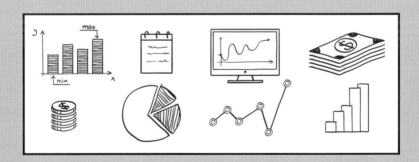

일에일북

ETF 투자가 새로운
기회의 장이 되길 바라며

경영학을 전공했던 대학생 시절, 나는 증권투자 동아리에 들어가면서 본격적으로 주식시장에 관심을 가졌다. 말 그대로 '밤낮없이' 주식시장만 들여다보곤 했다. 밤에는 미국 시장, 낮에는 한국 시장을 오가며 잠자는 시간 외에는 주식에 미쳐 있었다. 단순히 HTS만 본 것이 아니라 시장에 영향을 미치는 주요 지표들을 공부하고 자금이 움직이는 흐름을 파악하려고 노력했다.

증권투자 동아리에서 시황분석팀과 기업분석팀을 옮겨 다니며 주식시장의 메커니즘을 이해하기 위해 노력했고, 동문들과 인사이트를 공유하면서 많이 성장할 수 있었다. 이때부터 블로그에 투자와 관련된 칼럼을 집필하면서 나름의 팬도 생겼다.

대학 졸업 후에는 재미를 느끼는 일, 소질을 살릴 수 있는 일을 해야 한다는 생각에 여의도에 있는 모 자산운용사에 입사했다. 그리고 현재는 일반 상장법인인 지주회사에서 회사 자금을 활용해 금융자산에 투자하고 관리하는 업무를 맡고 있다. 대학 동아리에서 맺은 선배들과의 인연은 여의도에서도 이어졌다. 여의도 증권가에서 일하는 선배들은 여전히 필자의 열렬한 서포터이자 멘토로서 조언을 아끼지 않고 있다.

현장에서 일하며 필자는 개인투자자에게 있어 가장 쉽고 효과적인 투자방법이 ETF 투자라는 생각이 들었다. 무엇보다 ETF는 투입하는 시간과 노력 대비 우수한 결과를 창출하는 투자상품이다. 투자에 시간과 노력을 들일 필요가 없다는 뜻이 아니다. 직장인이 본업에 집중하면서 투자하기에 가장 적절한 상품이 ETF라는 뜻이다. 이러한 나의 생각은 유튜브 채널에도 적극적으로 반영되었다.

필자가 경제·주식 콘텐츠로 유튜브를 시작한 지 이제 막 1년이

지났다. 크리에이터의 세계에서는 신입인 셈인데, 유튜버는 나의 오랜 숙원이었다. 오래전부터 도전해보고 싶은 영역이었는데 늦게 나마 채널을 열어 도전하고 있는 중이다. 늦은 만큼 두 배 더 열심히 하자는 마음가짐으로 리서치한 내용과 인사이트를 구독자들과 공유하고 있다.

개인적으로 이 책이 전업투자자가 아닌 일반 직장인, 개인투자자에게 새로운 기회의 장이 되길 소망한다. 이 책의 마지막 페이지를 넘길 때 단순히 책에서 언급한 ETF만 떠오르는 것이 아닌, ETF 투자를 해야 하는 이유와 본인의 투자성향에 맞는 운용전략이 머릿속에 그려져 있길 희망한다. 그리고 훗날 보다 액티브하게 개별 주식을 매매해보고 싶다면 필자의 유튜브 채널 '퇴근후몰빵'을 찾길 바란다. 투자할 만한 기업은 어떻게 선정하는지, 최근 시장에서 주목하는 실적 좋고 모멘텀이 살아 있는 기업은 무엇인지 등 다양한 기업분석 정보를 제공하고 있다.

"위험은 자신이 무엇을 하는지 모르는 데서 온다." 오마하의 현인 워런 버핏의 말이다. 이제부터 ETF가 무엇이고, 수익을 내기 위해 어떻게 투자하고 운용해야 하는지 차근차근 안내하겠다.

최창윤

목차

Chapter 1
왜 ETF인가?

Chapter 4
어떤 ETF를 사야 할까? ②

Chapter 5
수익을 높이는 ETF 매매 전략 ①

Chapter 6
수익을 높이는 ETF 매매 전략 ②

Chapter 1

왜
ETF인가?

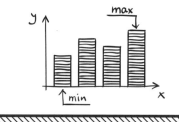

ETF 투자를
시작해야 하는 이유

이렇게 데이터만 놓고 본다면
ETF시장에 뛰어들지 않을 이유가 없다.

ETF가 필요한 2가지 이유

• • •

ETF시장은 해마다 가파른 속도로 성장하고 있다. 2011년 10조 원에 못 미치던 국내 ETF시장은 2021년 말 기준으로 70조 원까지 순자산 규모가 늘어났다. 국내 ETF시장이 이렇게 가파른 성장세를 보이는 이유는 무엇일까? 필자가 생각하는 중요한 이유는 크게 2가지다. 이와 함께 예적금, 공모펀드에서 벗어나 ETF에 투자해야 하는 이유를 알아보자.

첫 번째, 인플레이션을 따라가기에는 자산의 증식 속도가 너무

느리기 때문이다. 2022년 소비자물가지수는 전년 대비 5.1% 상승했다. 현시점에서 우대금리를 반영해도 5.1%를 넘는 예금상품을 찾기란 쉽지 않다. 치킨 가격도 10%씩 오르는 이례적인 현상이 나타나고 있지만 국내 근로자의 급여 수준은 제자리걸음에 가깝다. 굴지의 대기업 삼성전자의 경우 2022년 평균 9% 임금 인상을 확정했지만 이는 일부 대기업의 이야기일 뿐이다. 알다시피 전체 기업의 99.9%는 중소기업이다.[1] 실제로 월급 인상은커녕 연봉이 동결된 사례도 적지 않다.

월급쟁이가 살아가는 데 있어 가장 주요한 수입원인 '월급'만 놓고 보면 물가상승률도 쫓아가지 못하는 게 현실이다. 반면 부동산과 같은 자산시장은 연일 폭등세다. 최근 10년간(2012~2021년) 연평균 수익률 기준으로 서울 아파트는 8.2%, 미국의 대표적인 주가지수 S&P500은 14.3% 상승했다.[2] 월급만 바라보고 사는 많은 직장인이 상대적 박탈감을 느끼는 이유다. 평범한 직장인 입장에서는 적어도 물가상승률을 뛰어넘는 투자를 해야 구매력을 잃지 않을수 있다.

두 번째, 묵혀놓은 퇴직연금도 앞으로는 강제적으로 투자가 이뤄진다. 퇴직연금은 크게 확정급여형(DB), 확정기여형(DC), 개인형퇴직연금(IRP) 3가지로 구분된다. 2022년 7월부터 정부의 디폴트옵션(사전지정운용제도) 도입으로 확정기여형(DC)과 개인형퇴직연금(IRP)은 특별한 운용 지시를 내리지 않으면 원금보장형이 아닌, 사전에 기업과 퇴직연금 사업자가 지정해놓은 투자상품(TDF나 혼합형펀드)에 투자된다. 즉 근로자 입장에서는 펀드에 가입할지, ETF를 매입할지 선택해야 하기 때문에 마땅한 대안이 없다.

TDF(Target Date Fund)에 대해 잠시 설명하자면, 은퇴 시점을 기준으로 운용사가 자산 비중을 조절해가며 운용하는 펀드로 여러 개의 펀드를 한 바구니에 담는 개념이다. 예를 들어 미래에셋자산운용의 퇴직연금 전용 펀드인 '미래에셋전략배분TDF2050혼합자산자투자신탁'의 경우 미래에셋자산운용에서 운용하는 여러 개 펀드에 골고루 분산해 투자함으로써 주식, 채권, 대체자산의 비율을 적절하게 조절한다. 해당 펀드의 총보수는 연 0.85%로 ETF 투자와 비교해 보수 측면에서는 불리하다고 볼 수 있다. 여기에 합성보수가 추가되면 1%를 넘는 보수를 연 단위로 수취한다. 합성보수란 TDF가 A, B, C라는 3가지 펀드를 담을 경우 A의 운용보수, B의 운용보수, C의 운용보수를 추가로 수취하면서 이중으로 내는 수수료를 뜻한다.

이미 퇴직연금 시장에서 자금 이동이 나타나고 있다. 2020년 은행, 보험에서 증권사로 넘어간 IRP 신규 자금은 4,300억 원대인데 2021년 하반기 기준 8천억 원 가까이 늘어났다. 근로자가 직접 선택해서 투자 가능한 DC, IRP 유형에서 ETF에 투자한 금액 역시 급

○ 연도별 은행, 보험에서 증권사로 이동한 IRP 규모

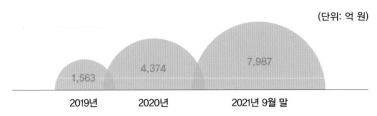

(단위: 억 원)

1,563   4,374   7,987

2019년   2020년   2021년 9월 말

자료: 미래에셋증권, NH투자증권, 한국투자증권, 삼성증권

○ DC형, IRP에서 ETF 투자 현황(누적 잔액 기준)

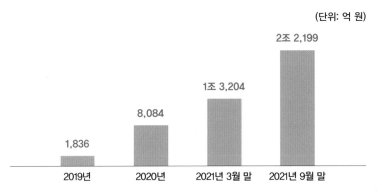

(단위: 억 원)

2조 2,199

1조 3,204

8,084

1,836

2019년   2020년   2021년 3월 말   2021년 9월 말

자료: 미래에셋증권, NH투자증권, 한국투자증권, 삼성증권

격한 증가세를 보이고 있다. 예적금과 같은 원금보장형 고정금리 상품보다는 공격적으로 자산을 증식할 수 있는 ETF를 찾기 시작한 것이다.

2018년 190조 원이었던 퇴직연금 적립금은 매년 10% 이상 성장

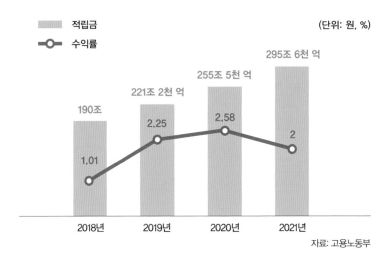

○ 적립금은 늘고 수익률은 하락한 퇴직연금

적립금
수익률

(단위: 원, %)

295조 6천 억

255조 5천 억

221조 2천 억

190조

2.58

2.25

2

1.01

2018년   2019년   2020년   2021년

자료: 고용노동부

해 2021년 295조 6천억 원까지 불어났다. 하지만 수익률은 최근 5년 간 2.6%를 넘었던 적이 없다. 예적금 이상의 수익률도 안 된다는 뜻 이다. 뒤처지지 않기 위해서는, 잠자고 있는 나의 퇴직연금을 꾸준 하게 증식시키기 위해서는 ETF를 공부하고 투자를 직접 시작해야 하는 시기가 도래했다.

다른 사람들이 ETF로 자산을 증식할 때 나만 원금 보전에 머무 른다면, 즉 제자리에 머문다면 상대적으로 뒤처지게 될 것이다. 지 금이라도 늦지 않았다. '놓치거나 제외되는 것에 대한 두려움'을 뜻 하는 '포모(FOMO; Fear Of Missing Out)'라는 심리학 용어가 있다.

포모에 빠지지 않기 위해서라도 ETF에 대해 공부할 필요가 있다.

이렇게 데이터만 놓고 본다면 ETF시장에 뛰어들지 않을 이유가 없다. 참고로 필자는 자산운용사의 ETF 상품과는 아무런 관련이 없다. ETF는 개인투자자가 돈을 벌기 위한 수단일 뿐이지 ETF 수요를 늘려 운용사를 배부르게 해주고 싶은 마음은 전혀 없다. 퇴직연금을 예로 들었지만 자금의 출처는 중요하지 않다. 갖고 있는 목돈이든, 퇴직연금이든, 어떤 돈이든 가만히 원금만 가지고 있으면 기회비용 측면에서 큰 손실이다. 따라서 적극적으로 내 자산을 불려줄 적절한 투자 대상을 찾을 필요가 있다.

그래서 ETF가
뭔가요?

ETF의 괴리율을 쉽게 이해하려면
ETF의 구성 방식을 먼저 이해할 필요가 있다.

ETF의 정식 명칭은 '상장지수펀드(Exchange Traded Fund)'다. 말 그대로 시장에 상장되어 거래되는 펀드를 의미한다. 불과 3년 전만 하더라도 국내 개인투자자들은 ETF에 거의 투자하지 않았다. 2019년 국내 개인투자자가 순매수한 ETF 규모는 3,800억 원 수준에 불과했는데, 최근 급격히 성장하면서 2021년에는 9조 8천억 원 수준까지 증가했다. 순매수 규모만 놓고 보면 2년 사이 25배나 늘어난 것이다. 코로나19 특수가 상당 부분 반영된 것으로 보인다. 팬데믹의 여파로 크게 하락한 글로벌 주식시장이 다시 가파른 상승세를 보이자 ETF 수요도 급격히 치고 올라온 것이다.

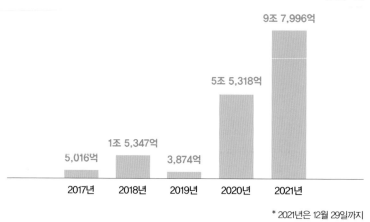

* 2021년은 12월 29일까지

대표적으로 우리에게 잘 알려진 지수추종형 ETF가 있다. 지수추종형이란 말 그대로 특정 지수의 수익률을 그대로 따라가도록 만들어진 ETF라는 뜻인데, 'KODEX 200'과 같은 ETF가 대표적이다. 네이버증권에서 'KODEX 200'을 검색해 상품 개요를 살펴보면 다음과 같이 명시되어 있다.

1좌당 순자산가치의 변동률을 기초지수 코스피200의 변동률과 유사하도록 투자신탁재산을 운용하는 것을 목표로 합니다. 한국거래소가 산출하는 코스피200지수는 한국을 대표하는 200개 종목의 시가총액을 지수화한 것입니다. 200개 종목은 시장 대표성, 유동성, 업종 대표성을 고려하여 선정하는데, 전체 종목을 9개업 군으로 분류하여 시가총액과 거래량 비중이 높은 종목들을 우선 선정합니다.

상품 개요에는 기초지수가 코스피200이라고 명시되어 있다. 해당 종목이 코스피200지수를 그대로 따라가는 ETF라는 이야기다. 다시 말해 추종지수의 포트폴리오 변경 외에는 포트폴리오의 변화가 크게 나타날 일이 없는 구조라는 것이다. 그래야만 지수의 수익률을 최대한 비슷하게 따라갈 수 있다. 지수추종형 ETF는 지수의 구성 종목이 전반적으로 강세를 보이면 상승하고, 반대의 경우에는 수익률이 떨어진다.

여기서 잠깐!

'KODEX 200(삼성자산운용, 02년 상장, 시총 5조 7,087억 원)' 외에도 코스피200을 추종하는 ETF로는 'TIGER 200(미래에셋자산운용, 08년 상장, 시총 2조 3,240억 원)' 'KBSTAR 200(KB자산운용, 11년 상장, 시총 1조 2,435억 원)'이 있습니다.

※시총 기준은 2023년 8월

날짜	순자산가치(NAV)	ETF종가	괴리율(%)
2023/08/17	33,150.38	33,085	-0.20
2023/08/16	33,255.69	33,185	-0.21
2023/08/14	33,762.00	33,690	-0.21
2023/08/11	34,027.51	33,995	-0.10
2023/08/10	34,174.86	34,105	-0.20
2023/08/09	34,290.68	34,215	-0.22
2023/08/08	33,922.88	33,845	-0.23

* 기초자산 종가 확정시간의 차이로 실제 시장 괴리율과 차이가 발생할 수 있음

네이버증권에서 제공하는 'KODEX 200'의 순자산가치 추이 자료

부도 리스크가 있는 종목을 제외하고는 코스피200지수와 동일한 구성 종목과 비율로 투자해 추적오차를 발생시키지 않도록 운용하겠다는 내용을 담고 있다. 네이버증권에서 제공하는 'KODEX 200'의 순자산가치 추이를 보면 일별로 괴리율(%)을 계산해놓은 부분이 있다.

이때 괴리율이란 펀드의 순자산가치와 ETF 종가의 차이를 퍼센트로 표현한 것이다. 쉽게 말해 추종하는 지수의 등락률을 ETF가 얼마나 완벽하게 잘 반영하는지 나타낸다. 괴리율 공식은 다음과 같다.

$$괴리율 = \frac{(시장가격 - 추정순자산가치(iNAV))}{추정순자산가치(iNAV)} \times 100(\%)$$

괴리율이 크다면 해당 ETF는 추종지수를 완벽하게 추종하지 않는다는 의미다. ETF를 매입하는 타이밍을 결정할 때 조금이라도 저렴한 가격에 사고자 한다면, 괴리율이 마이너스일 때 사는 것이 좋다. ETF가 보유하는 자산 대비 가격이 낮게 매겨져 있다는 의미이기 때문이다.

괴리율과 순자산가치

• • •

ETF의 괴리율을 쉽게 이해하려면 ETF의 구성 방식을 먼저 이해할 필요가 있다. 마트에 붙어 있는 가격표를 생각하면 쉬울 것이다. 제품에 붙어 있는 가격표가 10만 원이라는 것을 보고 제품을 샀는데, 집에 와서 보니 가격표 밑에 하나의 가격표가 더 있다면 기분이 어떨까? 숨겨져 있는 가격표에는 9만 원이라고 써 있다. 만약 진짜 가격을 알고 있었다면 비싸게 샀을 리가 있겠는가? ETF 투자에 있어서도 마찬가지다. 제품의 진짜 가격을 알려면 ETF의 순자산가치를 추정해야 한다.

어렵게 생각할 필요는 없다. 추정순자산가치(iNAV)는 해당 ETF를 운용하는 기관에서 제공하므로 운용사에서 제공하는 추정순자산가치와 괴리율만 보면 된다. 네이버증권에서도 손쉽게 확인할 수 있다. 괴리율은 실제로 시장에서 거래되는 ETF의 가격과 추정순자산가치 사이에서 발생하는 갭을 비율로 매긴 값이다. 앞서 제시한 괴리율 공식을 통해 추측해보면 괴리율이 크다는 것은 시장가격이 추정순자산가치 대비 높다는 것이고 이는 고평가 상태라는 의미다. 반대로 괴리율이 마이너스 값으로 작다는 것은 시장가격보다 추정순자산가치가 높다는 것이고 저평가 상태라는 의미다. 적어도 매수하기 전에 괴리율을 확인하고 사는 습관을 기르는 것이 좋다.

참고로 'KODEX 200'처럼 거래량이 충분히 나오는 ETF는 괴리율이 ±0.5% 수준에서 아주 미미하게 발생하기 때문에 크게 신경 쓰지 않아도 된다. 거래량이 적은 ETF라면 괴리율이 ±1% 이상인 경우도 있으니 매매 전에 반드시 확인해봐야 한다.

국가지수(코스피200, 코스닥150, S&P500 등), 업종지수(필라델피아 반도체지수, S&P헬스케어지수 등)를 추종하는 ETF의 경우 괴리율이 안정적인 편이다. 이러한 ETF는 괴리율이 크게 벌어지는 경우가 흔하지 않다. 반면 레버리지 ETF, 원유선물 ETF 등 파생형 ETF는 기초상품이 급등락할 경우 괴리율이 크게 발생할 수 있다.

괴리율이 음수(-)로 크게 발생한다는 것은 다시 말하면 내가 투자한 기초 대상이 오르더라도 ETF가 그 수익률만큼 상승하지 않을 수 있다는 뜻이다. 실제로 2020년 코로나19로 유가가 급락했음에도 원유선물 ETF가 유가의 가격을 비슷하게 추종하지 못한 사례가 있다. 투자자들의 수급에 의해서 괴리율이 30%를 넘어갔던 적도 있다. 괴리율이 크게 벌어지면 금융당국에서 거래를 제한하기도 하니 참고하기 바란다.

내가 투자하려는 ETF가 어떻게 가격이 결정되고, 어떤 자산(종목)들로 포트폴리오가 구성되는지 확인한 다음 투자 결정을 내릴 필요가 있다.

해외상장 ETF vs.
국내상장 ETF

간략하게 국내에 상장된 미국지수추종 ETF와
미국 증시에 상장된 지수추종 ETF를 비교해보자.

"미국지수를 추종하는 ETF를 사고 싶은데, 한국에도 그런 ETF가 상
장되어 있고 미국 증시에도 상장되어 있더라고요. 뭘 사는 게 더 유리
한가요?"

ETF와 관련해서 필자가 주변에서 가장 많이 받는 질문 중 하나
다. 결론부터 이야기하자면 수익금액의 규모에 따라서 다를 수 있
다. 간략하게 국내에 상장된 미국지수추종 ETF와 미국 증시에 상
장된 지수추종 ETF를 비교해보자.

수익금과 세율에 따라 달라지는 수익률

• • •

국내에 상장된 미국지수추종 ETF인 'TIGER 미국S&P500'과 미국 증시에 상장된 지수추종 ETF인 'SPDR S&P500(이하 SPY)'를 비교해보자. 두 상품은 미국의 S&P500지수를 추종하는 지수추종형 ETF다. 두 ETF의 거래수수료와 운용보수가 똑같고, 똑같은 금액으로 투자해서 똑같은 수익률에 회수한다고 가정하겠다.

케이스 1에서는 4천만 원을 투자해서 15%의 수익률을 달성했다고 가정했다. 수익금은 똑같이 600만 원이지만 국내상장 ETF가 내야 할 세금이 더 높다.

여기서 잠깐!

'TIGER 미국S&P500(미래에셋자산운용, 20년 상장, 시총 1조 9,271억 원)' 외에도 국내에 상장된 미국지수추종 ETF로는 'ACE 미국S&P500(한국투자신탁운용, 20년 상장, 시총 5,777억 원)' 'SOL 미국S&P500(신한자산운용, 22년 상장, 시총 486억 원)'이 있습니다. 'SPY(스테이트 스트리트, 93년 상장, 시총 432.26B 달러)' 외에도 미국 증시에 상장된 지수추종 ETF로는 'Invesco S&P500 Equal Weight(인베스코, 03년 상장, 44.01B 달러)'가 있습니다.

※시총 기준은 2023년 8월

○ 케이스 1: 4천만 원 투자, 수익률 15%

투자 규모	4천만 원	
상품명	TIGER 미국S&P500	SPY
매매차익 세율	15.4%	22%(250만 원 비과세)
회수 시점 수익률	15%	
세전 수익금	600만 원	600만 원
세금	92만 4천 원	77만 원
세후 수익금	507만 6천 원	523만 원

케이스 2는 케이스 1과 투자금은 같지만 수익률이 좀 더 높아진 상황이다. 세전 수익금은 1,200만 원으로 동일하지만 세율 차이로 세후 수입금은 국내상장 ETF가 앞서고 있다.

두 케이스를 비교해보면 수익금이 커질수록 국내상장 ETF가 더 나은 선택지란 사실을 알 수 있다. 내가 투자할 자본의 규모와 연간 예상되는 수익금을 고려해 더 이득이 되는 선택을 하면 된다.

해외상장 ETF에 투자하더라도 세금을 덜 낼 수 있는 방법이 있다. 이미 투자자들 사이에서 널리 알려진 방법인데, 연간 250만 원 내의 양도소득에 대해서는 따로 세금을 부과하지 않기 때문에 매년 250만 원의 수익만 실현하면 세금 부담이 없다.

○ 케이스 2: 4천만 원 투자, 수익률 30%

투자 규모	4천만 원	
상품명	TIGER 미국S&P500	SPY
매매차익 세율	15.4%	22%(250만 원 비과세)
회수 시점 수익률	30%	
세전 수익금	1,200만 원	1,200만 원
세금	184만 8천 원	209만 원
세후 수익금	1,015만 2천 원	991만 원

　예를 들어 장기투자를 목적으로 목돈을 투자를 하는 것이라면 해외상장 ETF에 투자해서 연간 250만 원 내외로 수익을 실현하는 것이다. 단, 연금계좌나 ISA로는 해외상장 ETF 투자가 불가능하니 기억해두기 바란다.

　더불어 손실 중인 종목이 있다면 절세를 위해 연말에 일부 매도 후 해가 바뀌고 나서 재매수하는 것도 한 방법이다. 1월 1일부터 12월 31일까지 발생한 이익과 손실을 합산해 양도소득세를 부과하기 때문이다.

　예를 들어 1년간 A종목에서 200만 원 손실을 보고, B종목에서 600만 원을 벌었다면 손익의 합은 400만 원이다. 400만 원에서 비

○ 국내상장 ETF와 해외상장 ETF 세금 비교

구분	국내상장 ETF	해외상장 ETF
증권거래세	없음	없음
배당소득세	배당금의 15.4%	배당금의 15.4%
양도소득세	시세차익의 15.4%	시세차익의 22% (250만 원까지 공제)
손익 과세	해당 없음	적용
금융종합소득	포함	미포함

과세 250만 원을 뺀 150만 원에 양도세율 22%를 적용하면 세금은 33만 원이다. 만일 A종목을 손절매하지 않고 해를 넘기면 어떻게 될까? 연간 손익은 600만 원이고 여기에 비과세 250만 원을 제한 350만 원에 양도세율 22%를 적용하면 세금은 77만 원이다.

매매차익 250만 원까지는 공제 대상이므로 주가가 지지부진한 종목은 연내에 과감히 손절매하는 것이 절세에 유리하다. 만일 A종목을 포트폴리오에 계속 담고 싶다면 해가 바뀐 다음 다시 매수하면 된다(거래수수료가 조금 들긴 해도 양도소득세보단 저렴할 것이다). 참고로 결제일 기준이기 때문에 12월 31일 전에는 결제가 되어야 합산된다. 기한에 걸리지 않게 해외 주식은 넉넉하게 한 주 전쯤에는 매도를 마치는 것이 좋다.

직접투자 vs.
ETF 투자

증시 흐름에 영향을 미칠 만한 뉴스나 국제 정세 정도는
좇아가면서 투자하는 것이 기본이다.

선택은 취향껏, 투자는 신중히

• • •

개별 기업의 주식을 살 것인가, ETF를 통해 내가 좋게 보는 산업의 성장에 베팅할 것인가. 이 부분은 본인의 취향대로 선택해야 할 문제다. 다만 필자가 ETF 투자를 권하는 이유에 대해 제대로 이해한 다음 선택한다면 보다 현명한 투자가 가능할 것이다.

ETF 투자의 기본은 인덱스(지수추종) ETF고, 시장 국면에 따라서 계좌를 지킬 수 있는 전략적인 테마형 ETF를 곁들이는 것이다. 그러니까 최소한 증시 흐름에 영향을 미칠 만한 뉴스나 국제 정세

정도는 쫓아가면서 투자하는 것이 기본이다.

벤치마크(이하 BM)가 있는 유형의 ETF, 즉 펀드매니저의 역량에 따라서 포트폴리오가 수시로 바뀌는 액티브형 ETF는 초보 투자자에게 추천하는 상품이 아니다. 개인투자자가 ETF에 투자하는 주된 목적은 펀드매니저의 종목 피킹 리스크를 줄이고 내가 선택한 산업, 특정 국가의 시장이 장기적인 성장 국면에 들어가는 것을 수익으로 연결시키는 데 있다.

한 가지 명확하게 강조하는 부분은 직접투자, 그러니까 개별 종목의 주식을 직접 사는 투자를 선택할 경우 최소한 내가 투자하는 기업이 속해 있는 산업과 해당 기업에 대한 이해가 선행되어야 한다. 생각보다 많은 개인투자자가 증시 호황기였던 코로나19 직후(2020년 6월~2021년 8월) 투자를 시작했다. 해당 기간 코스피지수가 무려 55%가량 상승했다 보니 대다수의 투자자가 생각보다 쉽게 원금 대비 높은 수익을 거뒀다. 그렇기에 주식투자를 쉽게 생각하고 기업과 산업에 대한 공부를 미루는 경우가 생각보다 많다. 단순히 어디서 좋다는 이야기만 듣고 오를 때까지 쳐다보지 않고 묻어두는 이른바 '묻지마 투자'가 성행한 배경이다.

예를 들어 계좌에 높은 비율(30% 이상)로 2차전지 관련주 중에서도 소재주를 샀다고 가정해보자. 이러한 포트폴리오라면 들여다봐야 할 것이 너무나도 많다. 몇몇 기업의 주가가 부진할 경우 수익률이 저조해질 수 있기 때문이다. 먼저 산업 측면에서는 판매량이 높은 중국, 유럽, 북미 중심으로 글로벌 전기차 판매량 추이를 분석하고, 2차전지 소재를 만드는 데 필요한 원재료의 종류와 가격 추이도 봐야 한다. 이뿐만 아니라 2차전지 소재의 구성물질은 무엇인지, 내가 투자하는 소재주의 소재가 다른 소재들 대비 얼마나 중요한지, 글로벌 톱티어 업체는 무엇인지, 해당 소재와 관련된 기술 발전 방향성은 어떤지 등을 알아봐야 한다.

신경 써야 할 것이 한두 가지가 아니다. 이러한 분석은 투자를 업으로 삼는 펀드매니저나 애널리스트의 영역이다. 이게 다가 아니다. 향후 실적 볼륨이 커질 가능성이 있는지 확인하기 위해 소재를 생산하는 공장의 증설 일정과 규모도 확인해야 하고, 증설을 위해 필요한 '자본적지출(CAPEX)'을 갖고 있는 현금으로 소화하는지, 유상증자 혹은 회사채 발행 등의 형태로 조달하는지도 확인해야 한다(예를 들어 CB와 같은 전환권이 포함된 증자의 경우 외부로부터 자금을 조달하면 지분 희석의 우려가 있어 주가에 부정적일 수 있다). 즉 재무 여건도 꼼꼼히 살펴봐야 한다.

이런 정보는 블로그에 돌아다니기도 하고, 애널리스트가 발간하는 리포트에서도 확인할 수 있다. 하지만 우리처럼 평범한 개인투자자가 직장에 다니면서 이러한 정보를 분석하고 정리할 수 있겠는가? 사실상 어렵다고 봐야 한다. 이 정도 분석 없이 수익을 내고 있다면 그냥 운이 좋아서일 확률이 높다고 감히 말하고 싶다. 따라서 이러한 노력이 뒷받침되지 않는다면, 그럴 시간조차 없는 직장인이라면 무리해서 개별 주식에 투자하지 말고 ETF를 살 것을 권한다. 개별 종목을 매수해 대박을 꿈꾸지 말고 꾸준하고 장기적인 계획을 가지고 적립식으로 ETF에 투자하길 권한다.

필자의 견해와는 다르지만 만일 액티브형 ETF에 투자할 생각이라면 적어도 다음의 2가지는 꼭 확인해야 한다.

첫째, 운용하는 회사의 성과를 확인해야 한다. 과거 수년간 BM 대비 좋은 성과를 낸 기간이 얼마나 되는지 봐야 한다. 5년간 펀드가 BM을 이기는 기간과 지는 기간이 1년마다 번갈아가며 나타났다면, 이를 활용해 BM의 성과를 따라잡는 시점에 매수하는 것도 한 방법이다.

둘째, 운용역이 빈번하게 교체되지 않는지 확인해야 한다. 액티브형 ETF의 경우 운용역의 역량이 성과와 상당히 긴밀하게 연결되어 있다. 다시 말해 과거에 성과가 좋았던 ETF일지라도 운용역이 교체되었다면 상황이 달라질 수 있다. 운용역 변경내역은 투자설명서에서 확인할 수 있다. 투자설명서는 해당 펀드의 운용사 사이트에서 쉽게 확인이 가능하다.

삼성자산운용에서 제공하는 'KODEX 글로벌로봇' ETF의 투자설명서를 살펴보자. 운용역 변경내역을 제공하고 있다. 개인적으로

제2부. 집합투자기구에 관한 사항

1. 집합투자기구의 명칭

명칭	펀드코드
삼성KODEX글로벌로봇증권상장지수투자신탁[주식-파생형](합성)	BT649

2. 집합투자기구의 연혁

변경시행일	변경 사항
2017. 8.16	최초 설정
2019. 4.15	운용역 변경(최혜윤 운용역 → 오한섭 운용역)
2021. 7.21	운용역 변경(오한섭 운용역 → 마승현 운용역)
2022.12.12	일반사무관리회사 변경 (한국예탁결제원 → 신한아이타스)
2023. 3.17	투자신탁명 변경(삼성KODEX글로벌4차산업로보틱스증권상장지수투자신탁[주식-파생형](합성) → 삼성 KODEX글로벌로봇증권상장지수투자신탁[주식-파생형](합성))

3. 집합투자기구의 신탁계약기간

이 투자신탁은 별도의 신탁계약기간을 정하지 않고 있습니다. 이 신탁계약기간은 투자신탁의 최초 설정일로부터 투자신탁의 종료일까지의 기간을 의미하며, 투자자의 저축기간을 의미하는 것은 아닙니다.

주) 자본시장과 금융투자업에 관한 법률(이하 '법'이라고 함) 또는 신탁계약상 일정한 경우에는 강제로 해산(해지)되거나, 사전에 정한 절차에 따라 임의로 해지(해산) 될 수 있습니다. 자세한 사항은 "제5부 기타 투자자보호를 위해 필요한 사항의 2.집합투자기구의 해지에 관한 사항"을 참고하시기 바랍니다.

삼성자산운용에서 제공하는 'KODEX 글로벌로봇' 운용역 변경내역

는 운용역이 자주 변경되지 않은 펀드를 선호한다. 잦은 운용역의 변경은 빈번한 포트폴리오 변경에 따른 매매비용 증가 및 장기적으로 수익을 내기 위한 전략을 구사하기 어렵다는 측면에서 좋지 않다고 본다.

ETF는 공모펀드와 무엇이 다를까?

ETF가 대세로 떠오르기 전에 많은 사랑을 받았던
공모펀드와 ETF를 비교해볼 필요가 있다.

「자본시장과 금융투자업에 관한 법률」 용어에 따르면 ETF는 '상장지수집합투자기구'로 해석된다. 말 그대로 시장에 상장되어 거래되는 펀드란 뜻이다. 원론적인 이야기는 넘어가기로 하고, ETF를 제대로 이해하기 위해서는 ETF가 대세로 떠오르기 전에 많은 사랑을 받았던 공모펀드와 ETF를 비교해볼 필요가 있다. 공모펀드와 ETF의 차이를 이해하면 왜 최근 들어서 많은 개인투자자가 공모펀드보다 ETF 투자를 선호하게 되었는지 알 수 있다. 일반 공모펀드와의 가장 큰 차이점을 3가지 정도로 축약해서 이야기해보겠다.

ETF와 공모펀드의 3가지 차이점

• • •

첫 번째 차이점은 결제일이다. 만약 개인이 ETF를 매입한다면 그 돈이 펀드로 실제로 들어가는 시점은 T+2일 후다. ETF는 상장되어 거래되기 때문에 매매하는 그 시점의 가격 그대로 매수·매도를 결정할 수 있다. 즉 ETF는 내가 원하는 가격에 거래를 체결시킬 수 있지만, 일반 공모펀드는 국내 펀드 기준으로 결제일이 T+3일이어서 입금 시점 가격(펀드의 기준가)과 체결 단가가 다를 수 있다.

만일 오늘 시장을 보고 좋아 보여서 공모펀드를 매수할지라도 당일 거래되는 구조가 아니기 때문에 불확실성이 존재한다. 반면 ETF는 장 중에 거래되는 호가가 3만 4,420원이고 10주를 사고 싶다면 그 가격 그대로 약 34만 원을 내고 바로 주문할 수 있다. 공모펀드는 34만 원을 납입하면 그다음 날 기준가격에 해당하는 수량(좌수)만큼을 계좌로 수령받는다. 매수 버튼을 누른 시점과 실제 체결일이 다르다 보니 불확실성이 커진다.

두 번째 차이점은 비용이다. 국내상장 ETF는 대부분이 지수추종형이다. BM을 따라가므로 운용하는 회사의 역할이 크지 않아서 운용보수가 연간 0.2% 전후다. 반면 공모펀드는 운용하는 회사의 역할(펀드매니저의 역량)이 상대적으로 크기 때문에 1%에서 많게는 2%까지 연간 운용보수를 수취한다. 공모펀드는 클래스별로 보

○ ETF와 일반 공모펀드의 차이점

구분	ETF	인덱스펀드	주식형 펀드
운용 목표	지수 수익률 추적		지수 대비 초과수익
투명성	높음	보통	낮음
결제일	T+2일	T+3일	
비용 (총보수율/년)	0.15~0.7%	1.0~2.0%	2.0~3.0%
시장 위험	시장 위험 존재		시장 및 개별 종목 위험 존재
증권거래세	면제	지수 대비 초과수익	적용

수도 다른데 가장 사고팔기 용이한 A클래스의 경우 선취판매수수료가 부과되는 경우가 많다. 살 때부터 1%가 넘는 수수료를 먼저 내고 시작한다는 것은 수익률이 -1%부터 시작한다는 의미이기도 하다.

공모펀드는 펀드를 팔아주는 판매사가 은행이나 증권사로 지정되기 때문에 판매보수가 포함되는 구조다. 최근 개인투자자들의 공모펀드 자금이 ETF시장으로 유입된 이유가 여기에 있다. 개인투자자 입장에서는 어차피 시장이 좋으면 수익이 나고, 시장이 안 좋으면 손실을 볼 텐데 보수를 많이 떼는 상품은 피할 수밖에 없다.

세 번째 차이는 펀드매니저의 의존도다. 사실 ETF도 공모펀드를 운용하는 자산운용사에서 관리하는 것이고, 때로는 공모펀드와 같은 펀드매니저가 운용할 수도 있다. 하지만 중요한 것은 ETF가 일반 공모펀드보다 펀드매니저 역량에 대한 의존도가 비교적 낮다는 것이다.

국내외 개인투자자들이 선호하는 ETF는 주로 국가의 대표지수나 산업지수를 추종하는 ETF다. 이 경우 일반적인 공모펀드처럼 펀드매니저가 성과가 좋을 것이라고 기대하는 종목을 높은 비중으로 편입시키는 것이 아니기 때문에 펀드매니저의 역할이 적다. 정해져 있는 지수의 흐름을 그대로 따라가므로 추종하는 지수의 종목별 편입 비율에 맞게 포트폴리오를 리밸런싱할 뿐이다. 헤지펀드, 사모펀드라면 이야기가 달라지지만 대개 BM을 트래킹하면서 펀드매니저가 약간의 비중만큼만 특정 종목을 피킹해 비중을 늘리고, BM보다 조금이라도 더 아웃퍼폼(우수한 성과)을 보이려고 노력한다. 따라서 내 자산을 내가 생각하는 대로 투자하고 싶다면 전략적으로 ETF에 투자하는 것이 보다 합리적이다.

이러한 차이점 때문에 공모펀드 시장은 계속해서 위축되고 있다. 자산운용업계에서 일하고 있는 필자의 지인들은 ETF의 경우 연금 유형의 자산과 인덱스성 자산에 투자하는 자금이 필히 흘러들어오기 때문에 지속가능성이 있는 반면, 기존의 공모펀드는 퇴행할 수 있다는 우려 섞인 이야기를 하곤 한다.

비슷한 듯 다른 ETF와 공모펀드

• • •

ETF와 공모펀드는 상품의 이름만 보면 비슷한 전략으로 투자하는 것처럼 보이지만 실제로는 상당한 차이를 보인다. 인베스코가 운영하는 미국에 상장된 'Invesco Global Clean Energy(이하 PBD)'와 글로벌 친환경 기업들을 담은 공모펀드 '멀티에셋 글로벌 클린에너지증권자'의 사례를 비교해보자. 두 상품은 이름만 보면 비슷한 자산군에 투자하는 펀드인 것처럼 보이지만 들여다보면 확

> **여기서 잠깐!**
>
> 'PBD(인베스코, 07년 상장, 시총 205.77M 달러)' 외에도 해외에 상장된 친환경 ETF로는 'Invesco Solar(인베스코, 08년 상장, 시총 2B 달러)' 'Invesco WilderHill Clean Energy(인베스코, 05년 상장, 시총 756.45M 달러)'가 있습니다.
>
> ※시총 기준은 2023년 8월

연한 차이를 보인다.

멀티에셋자산운용에서 운용하는 국내에서 대표적인 클린에너지 투자 공모펀드 '멀티에셋 글로벌클린에너지증권자'의 경우 미국에 상장되어 있는 대표적인 친환경에너지 관련주가 포트폴리오에 3~6%대씩 들어가 있음을 확인할 수 있다(2023년 7월 포트폴리오 기준). 상위 5개 종목의 보유 비중은 퍼스트 솔라(태양광 모듈) 6.78%, 인페이즈 에너지(재생 가능 에너지 장비 및 서비스) 6.76%, 솔라에지 테크놀로지스(태양광 인버터) 6.54%, 콘솔리데이티드 에디슨(전기·가스 공급) 5.12%, 베스타스(풍력 터빈) 3.99%다. 상위 5개 종목의 비중만 무려 30%에 달한다. 종목당 분산율이 그리 높지 않아 상위 종목이 큰 폭으로 상승할 시 보유 비율만큼 수익률이 상승하는 흐름을 보일 것이다.

'PBD'는 어떨까? 'PBD'의 포트폴리오를 보면 상위 10개 기업의 보유 비중이 각각 1%대에 불과하다. 보유 비중이 가장 높은 퀀텀스케이프(전기차 배터리)의 경우 포트폴리오에 1.98%만 담겨 있다. 상위 10개 종목을 합산해도 20%가 되지 않는다. 다시 말해 종목당 분산율이 높기 때문에 ETF 수익률이 개별 종목의 수익률에 영향을 많이 받지 않는다.

이렇게 내가 투자하려는 자산의 포트폴리오를 확인해보면 선택에 도움이 될 수 있다. 예를 들어 태양광 모듈 쪽에서 지위가 높은

Top 10 Holdings (16.09% of Total Assets)		Get Quotes for Top Holdings
Name	Symbol	% Assets
QuantumScape Corp Ordinary Shares - Class A	QS	1.98%
XPeng Inc ADR	XPEV	1.92%
Rivian Automotive Inc Class A	RIVN	1.84%
NIO Inc ADR	NIO	1.69%
Ecopro BM Co Ltd Ordinary Shares	247540	1.67%
Plug Power Inc	PLUG	1.51%
Stem Inc Class A	STEM	1.50%
Wolfspeed Inc	WOLF	1.44%
Gevo Inc	GEVO	1.34%
Ameresco Inc Class A	AMRC	1.19%

야후파이낸스에서 살펴본 PBD의 상위 10개 종목 포트폴리오

퍼스트 솔라에 투자하고 싶은데 개별 종목 리스크가 걱정된다면 '멀티에셋 글로벌클린에너지증권자'가 좋은 선택이 될 수 있다. 친환경에너지를 영위하는 업체들에 폭넓게 투자하고 싶은데 개별 종목에 대해 잘 모르겠다면 안정적으로 'PBD'에 투자하는 것이 좋다. 이 밖에 해당 상품의 수수료나 운용 규모, 운용역 교체 여부 등을 함께 확인해볼 필요가 있다.

참고로 포트폴리오는 최소한 분기 단위로 모니터링하기 바란다. 'PBD'처럼 특정 섹터에 집중 투자하는 테마형 ETF라면 더 유심히 살펴봐야 한다. 테마형 ETF의 경우 포트폴리오에서 비중 높은 종목이 자주 바뀔 수 있다. 예를 들어 4%씩 25개 종목에 투자하다가 어느 순간 1%씩 100개 종목에 투자하는 전략으로 바뀔 수 있다. 처

음 투자할 때 가장 중요하게 고려했던 포인트가 중간에 변질되거나 없어진다면 매도하고 더 적절한 다른 종목을 찾는 것이 좋다.

ETN과
ETF의 차이

ETN도 ETF처럼 기초지수를 추종하기 때문에
유사한 수익구조를 지녔다.

ETN과 ETF, 무엇이 다를까?

• • •

ETF와 이름은 비슷하지만 일부 차이가 있는 상품이 있다. 바로
'ETN(Exchange Traded Note)'이다. ETN도 ETF처럼 기초지수를
추종하기 때문에 유사한 수익구조를 지녔다. 그러나 자세히 들여다
보면 많은 부분에서 차이가 있다. 크게 발행 주체, 신용 위험, 구성
종목 수, 만기, 약정수익, 상품구조 등이 다르다.

가장 큰 차이점은 ETN의 경우 신용 위험이 존재한다는 것이다.
ETN은 증권사가 신용에 기반해 발행하는 상품으로 기초지수의 수

O ETN vs. ETF

구분		ETN	ETF
공통점	유형	지수추종형 상품	
	시장 관리	거래소 상장 상품	
	수익구조	기초자산 가격 변화 추종(일부 옵션 포함 ETN 제외)	
차이점	법적 성격	파생결합증권	집합투자증권
	발행 주체	증권사	자산운용사
	신용 위험	있음	없음
	구성 종목	5종목 이상	10종목 이상
	상품구조	약정된 기초수익 제공	운용 실적 등에 따라 상이
	만기	1~10년	없음

익률을 보장하는 파생결합증권이다. ETF는 펀드처럼 자산운용사에서 포트폴리오를 통해 운용하고 수익을 창출하는 반면, 상장지수채권인 ETN은 증권사의 약속을 믿고 투자자가 돈을 빌려주는 개념이다. 즉 신용 위험이 있기 때문에 발행 증권사가 파산하면 투자금을 돌려받지 못할 수 있다. 또 다른 차이점은 구성 종목의 수다. ETF의 경우 기초지수에 영향을 주는 구성 종목 수가 10종목 이상이어야 하는 반면, ETN은 그보다 적은 5종목 이상이다. 또한 ETF

는 주식처럼 따로 만기가 없으나, ETN은 1년 이상 20년 이내로 만기가 있다.

결론적으로 ETN은 신용 위험을 부담해야 하므로 안정성 측면에서 ETF보다 부족하다. 또한 만기일이 되면 지표 가치로 자동 청산되기 때문에 주가가 하락한 상태에서 만기일을 맞이하면 만회할 기회가 사라진다는 치명적인 단점이 있다.

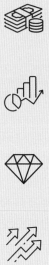

- 잠자고 있는 나의 퇴직연금을 꾸준하게 증식시키기 위해서는 ETF를 공부하고 투자를 직접 시작해야 하는 시기가 도래했다.

- 내가 투자하려는 ETF가 어떻게 가격이 결정되고, 어떤 자산(종목)들로 포트폴리오가 구성되는지 확인한 다음 투자 결정을 내릴 필요가 있다.

- 수익금이 커질수록 국내상장 ETF가 더 나은 선택지란 사실을 알 수 있다. 내가 투자할 자본의 규모와 연간 예상되는 수익금을 고려해 더 이득이 되는 선택을 하면 된다.

- 직장인이라면 무리해서 개별 주식에 투자하지 말고 ETF를 살 것을 권한다. 개별 종목을 매수해 대박을 꿈꾸지 말고 꾸준하고 장기적인 계획을 가지고 적립식으로 ETF에 투자하길 권한다.

- 공모펀드와 ETF의 차이를 이해하면 왜 최근 들어서 많은 개인투자자가 공모펀드보다 ETF 투자를 선호하게 되었는지 알 수 있다.

- ETN도 ETF처럼 기초지수를 추종하기 때문에 유사한 수익구조를 지녔다. 그러나 자세히 들여다보면 많은 부분에서 차이가 있다.

대세로 떠오른 ETF 투자

ETF 이름에 담긴 비밀

국내 산업에도 가능성은 있다

개별 종목 리스크란 무엇인가?

산업별 사이클에 민감해야 하는 이유

국내외 ETF 정보, 쉽게 찾는 방법

Chapter 2

ETF 투자,
기초부터 탄탄히

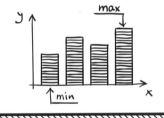

대세로 떠오른
ETF 투자

개인투자자들이 해외 주식투자에
매력을 느끼게 된 이유는 무엇일까?

ETF시장이 무섭게 성장하고 있다. 그만큼 개인투자자를 이끄는 유인이 많다는 뜻일 것이다. 개인적으로 해외 주식투자에 매력을 느낀 소위 '서학개미'가 등장하면서부터 ETF시장이 탄력을 받기 시작했다고 본다. 주당 가격이 고공행진했던 미국 기업들을 떠올려 보라. 누구나 사고 싶어 하고 갖고 싶어 하는 미국 주식으로는 아마존, 테슬라, 구글 등이 대표적이다.

아마존을 예로 들면 현재는 액면분할로 비교적 소액으로 투자가 가능하지만 한때는 아마존 1주를 사려면 무려 3,500달러(2023년 8월 기준 한화 약 468만 원)가 필요했다. 연봉 8천만 원, 실수령액 기준 월급 530만 원 정도 되는 나름(?) 고액 연봉자라 할지라도 매달 1주씩 사기 굉장히 부담스러운 금액이다.

ETF로 자금이 유입된 이유가 여기에 있다. 주당 단가가 높아서 접근이 어려운 미국의 빅테크 주식을 ETF 1주만 사면 일정 비율만큼 나눠서 소유할 수 있기 때문이다. 예를 들어 미국의 S&P500 지수를 추종하는 'SPY'의 가격은 1주당 약 400달러에 불과하다 (2023년 8월 기준). 진입장벽도 낮고 아마존, 테슬라, 구글, 애플, 마이크로소프트, 메타, 엔비디아 등 내로라하는 주식을 조금씩 저렴하게 나눠서 살 수 있는 상품이다 보니 분산투자 측면에서도 굉장히 유리하다.

해외 주식투자에 매력을 느끼는 이유

• • •

개인투자자들이 해외 주식투자에 매력을 느끼게 된 이유는 무엇일까? 국내 투자자가 해외주식, 그중에서도 미국 주식에 관심을 갖게 된 이유는 크게 2가지다.

첫 번째, 박스권에 갇혀서 빠져나오지 못한 한국 증시의 답답한 움직임 때문이다. 흔히 '코리아 디스카운트'라고 표현하는 지정학적 리스크로 인해 글로벌 시장에서 한국 증시가 차지하는 비중은 그리 높지 않다. 또한 해외 투자자들은 한국 증시의 거버넌스 이슈가 무엇보다 문제라고 꼬집는다. 한국에서는 세습을 통해 대주주가 회사를 넘겨받는 방식으로 기업 경영을 이어가다 보니 지배구조 측면에서 좋은 평가를 받을 수 없다. 자사주를 매입한 후 소각하지 않는 기업이 대부분이고, 물적 분할을 통해 자신들의 배를 불리는 경영 방식으로 인해 주주들이 피해를 입기도 한다(역대 최고 규모의 공모자금을 조달한 LG에너지솔루션 또한 물적 분할로 상장해 기존의 LG화학 주주들이 큰 피해를 입었다).

두 번째, 글로벌 톱기업이 대부분 미국 기업이기 때문이다. 특정 사업 분야에서 가장 잘나가는 1등 기업에 투자하고 싶은 마음은 누구나 같다. 핸드폰을 가장 잘 만드는 애플, 전기차를 가장 잘 만드는 테슬라, 우리의 일상과 떼려야 뗄 수 없는 유튜브를 소유한 알파벳 등 내로라하는 1등 기업이 모두 미국에 있다.

1등 기업은 해당 산업 내에서 최고의 경쟁력을 갖고 있고, 압도적인 이익률을 기반으로 꾸준히 성장하고 있어 상대적으로 리스크도 낮고 안정적이다. 주식시장의 규모만 보더라도 미국은 30조 달러에 육박하는데, 한국은 1조 달러대에 불과하다. 시장 사이즈가 차원이 다르다. 이 밖에 자본시장 선진화가 이미 이뤄진 미국 주식을 선호하는 이유와 명분은 거론하자면 끝이 없다.

그렇다고 무조건적으로 미국 주식을 사라고 권하는 것은 아니다.

전체 자산의 일부는 선진국인 미국에 투자하되, 국내 기업 중 글로 벌 산업 내에서 지위가 높은 기업에 투자한다면 좋은 성과를 거둘 수 있다.

ETF 이름에
담긴 비밀

조금만 관심을 갖고 들여다보면
생각보다 이해하기 쉽다.

알쏭달쏭 ETF 이름의 뜻

• • •

'KBSTAR 비메모리반도체액티브' 'TIGER MSCI Korea TR'
'KODEX 코스닥150레버리지' 이름만 놓고 보면 굉장히 어렵게 느
껴진다. 외국어로 되어 있는 미국상장 ETF야 차치하더라도, 국내
상장 ETF의 이름 역시 처음 보면 굉장히 생소하다. 그런데 조금만
관심을 갖고 들여다보면 생각보다 이해하기 쉽다. 약간의 규칙만
알면 된다.

1. 자산운용사 고유의 ETF 브랜드

먼저 앞부분에는 자산운용사 고유의 ETF 브랜드를 표기한다. 국내에는 KODEX(삼성자산운용), TIGER(미래에셋자산운용), ACE(한국투자신탁운용) 등이 대표적이고 해외에는 Vanguard(뱅가드), iShares(블랙록), SPDR(스테이트 스트리트) 등이 대표적이다. 앞서 예시로 든 'KBSTAR 비메모리반도체액티브'의 'KBSTAR'는 KB자산운용의 ETF 브랜드이며, 'TIGER MSCI Korea TR'의 'TIGER'는 미래에셋자산운용, 'KODEX 코스닥150레버리지'의 'KODEX'는 삼성자산운용의 ETF 브랜드다.

2. 추종 지수와 전략

ETF는 인덱스펀드이므로 반드시 따르는 지수가 있다. 예를 들어 'KODEX 200' 'TIGER 200'에서 '200'은 코스피200을 추종한다는 뜻이다. 이와 함께 ETF의 전략도 표시되는데 '인버스' '레버리지' 등이 대표적이다(자세한 설명은 후술하겠다). 앞서 예시로 든 'KBSTAR 비메모리반도체액티브'의 '비메모리반도체액티브'란

'iSelect비메모리반도체지수'를 추종하는 액티브형 ETF라는 뜻이
고, 'TIGER MSCI Korea TR'의 'MSCI KOREA'란 'MSCI KOREA
COUNTRY ESG LEADERS CAPPED'를 추종한다는 뜻이며,
'KODEX 코스닥150레버리지'의 '코스닥150레버리지'는 말 그대로
코스닥150을 추종하는 레버리지 ETF란 뜻이다.

3. 기타

기타에는 합성, 헤지, TR 여부가 기재된다. 일부 ETF는 직접 주
식을 사서 종목을 구성하는 대신 다른 증권사와 계약을 맺고 목표
지수의 수익률을 받는 대가로 비용을 지불하는데 이를 '합성 ETF'
라고 부른다. 이 경우 이름 뒤에 '합성'이 붙는다. 헤지란 환율 변
동의 위험을 없애 수익률 변동 요인을 제거한다는 뜻으로 이름 뒤
에 '(H)'를 붙여 표시한다(자세한 설명은 후술하겠다). 'TR(Total
Return)'은 해당 주식에서 나오는 분배금을 ETF 보유자에게 돌려
주지 않고 해당 종목에 재투자하는 방식으로 이름 뒤에 'TR'이 붙
는다.

TR에 대해 좀 더 알아보자. ETF는 분배금이 발생하면 보통 투자
자에게 현금으로 지급한다. ETF를 보유하고 있는 증권사 계좌로
배당소득세를 차감한 분배금이 입금되는데, 이 현금을 따로 인출해
사용하는 경우도 있지만 다시 ETF에 재투자하는 투자자도 적지 않

다. 재투자가 수월하게 이뤄지도록 도움을 주는 상품이 바로 TR형 ETF다. 배당소득세를 차감하기 전, 그러니까 세전 분배금을 기준으로 재투자가 이뤄지므로 복리효과가 더 커질 수 있다는 장점이 있다.

국내 산업에도 가능성은 있다

다행히 2차전지 시장에서
한국 기업들의 입지는 상당히 좋다.

　필자가 생각하기에 국내에 투자하기 좋은 산업은 2차전지(전기차 배터리)다. 전기차 배터리 시장은 2022년 기준으로 894만 대 규모에 달한다. 국가별로 차이는 있겠으나 2030년까지 가파른 성장세를 보일 것으로 점쳐진다. 그 중심에는 한국 기업들이 있다. 유럽의 경우 2030년을 기준으로 내연기관차를 판매하지 않고 친환경 자동차만을 판매할 계획을 세웠다. 정부 차원에서 목표를 내걸고 밀어주니 가파르게 성장할 수밖에 없다.

　실제로 2022년은 전기차 전성시대라고 해도 과언이 아닐 만큼 전기차 관련 업종이 글로벌 증시의 리드 섹터로 자리 잡았다. 그만

○ 글로벌 전기차 시장 전망

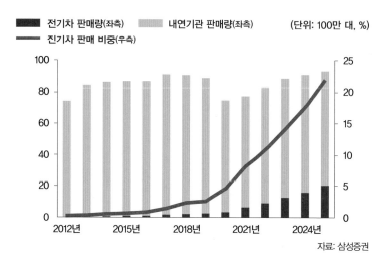

자료: 삼성증권

○ 글로벌 xEV 배터리 출하 전망

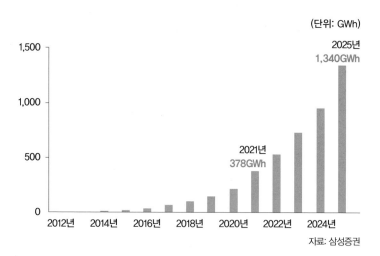

자료: 삼성증권

큼 전기차 섹터는 고성장 국면에 진입해 있고, 이미 국내 증시에선 2차전지 테마가 주가 상승을 견인하고 있다. 글로벌 완성차 시장의 규모는 연간 약 8천만~9천만 대에 달하며 금액으로 따지면 2천조 원에 이르는 상당히 큰 시장이다. 코로나19 이후 완만한 회복세를 보이고 있지만 예전만큼 시장이 살아나지 못하고 있는 추세다. 반면 전기차 판매량은 아주 가파른 증가 추세를 보이고 있다.

주요 글로벌 완성차 업체들의 전기차 판매계획표에 따르면 상위 12개 브랜드 합산 전기차 판매량은 2020년 기준 730만여 대 수준에서 2025년이면 1,860만여 대까지 늘어날 것으로 전망된다. 이에 맞게 생산량을 늘리기 위해서는 공격적으로 배터리 공급처를 물색해야 하는데, 다행히 2차전지 시장에서 한국 기업들의 입지는 상당히 좋다.

세계 최대 배터리 회사인 중국 CATL(닝더스다이)이 압도적으로 높은 시장 점유율(37%가량)을 차지하고 있지만, 다행히 국내 셀메이커 3사의 배터리 사용량이 연 단위로 계속해서 증가하고 있는 추세다. 국내 3사의 점유율을 합치면 20% 이상이다.

여기서 한 가지 중요한 부분은 순위에 있는 기업들이 대부분 중국 업체라는 것이다. 미국과 중국은 현재 모든 산업군에서 시장을 장악하기 위한 패권 다툼을 하고 있다. 반도체에 이어서 이번에는 전기차 배터리까지 그 불이 옮겨 붙었다. 바이든 대통령의 IRA 법

O 연간 누적 글로벌 전기차 배터리 사용량 및 점유율

(단위: GWh)

순위	제조사명	2021년 1~12월	2022년 1~12월	성장률	2021년 점유율	2022년 점유율
1	CATL	99.5	191.6	92.5%	33%	37%
2	LG에너지솔루션	59.4	70.4	18.5%	19.7%	13.6%
3	BYD	26.4	70.4	167.1%	8.7%	13.6%
4	Panasonic	36.3	38	4.6%	12%	7.3%
5	SK온	17.3	27.8	61.1%	5.7%	5.4%
6	삼성SDI	14.5	24.3	68.5%	4.8%	4.7%
7	CALB	8	20	151.6%	2.6%	3.9%
8	Guoxuan	6.7	14.1	112.2%	2.2%	2.7%
9	Sunwoda	2.6	9.2	253.2%	0.9%	1.8%
10	Farasis	2.4	7.4	215.1%	0.8%	1.4%
	기타	28.5	44.5	55.9%	9.5%	8.6%
	합계	301.5	517.9	71.8%	100%	100%

자료: SNE리서치

안을 들여다보면 쉽게 이해할 수 있다. IRA에 대해 간략하게 이야

기하자면, 미국 내에서 조달한 관련 부품과 소재를 일정 비율 이상

포함해야만 보조금을 지급한다는 내용이다. 다시 말해 중국 제품은 이제 북미권에서 제대로 된 영업활동을 하기 쉽지 않다.

2023년 1월 미국 버지니아주에서 CATL의 신규 공장을 짓기 위한 투자를 거절하면서 시장에서 큰 이슈가 된 바 있다. 반면 한국 업체들은 북미 내 신규 공장을 지어서 중국 의존도를 낮추고 있다. 공격적인 투자로 미국 현지 생산량을 크게 늘릴 계획을 갖고 있기 때문에 입지가 좋은 편이다.

투자자 입장에서는 앞으로 전기차 시장이 얼마나 더 성장할 여력이 있는지가 중요하다. 필자가 생각하기에 침투율에서 힌트를 얻을 수 있을 것 같다. 국가별 전기차 침투율 현황을 보면 유럽의 경우 이미 전기차 침투율이 20%를 훌쩍 넘는 수준까지 올라와 있다. 국가별로 다르겠지만 북유럽 일부 국가는 70~80% 수준까지 올라왔다. 정부의 지원금과 전기차 친화 정책이 전기차를 구입하는 데 크게 기여했다. 최근에는 중국도 전기차 침투율이 가파르게 늘어나고 있다. 다만 중국 내에서는 중국 내수용 자동차 브랜드를 밀어주고 있어서 미국, 유럽, 한국 브랜드가 쉽게 사업에 나서지 못하고 있는 추세다(예외적으로 테슬라는 중국 상하이에 기가팩토리를 지어서 공격적으로 투자하고 있다).

전기차 침투율 자료에서 핵심은 미국의 지표다. 2022년이 되도록 아직도 10%에 못 미친다. 트럼프 대통령 시절 파리기후변화협약을

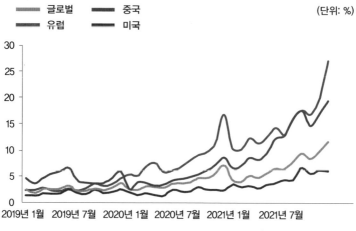

○ 지역별 전기차 침투율

글로벌 중국
유럽 미국
(단위: %)

30
25
20
15
10
5
0

2019년 1월 2019년 7월 2020년 1월 2020년 7월 2021년 1월 2021년 7월

자료: SNE리서치, 대신증권

탈퇴하고 친환경 정책 예산을 삭감하는 등 미국이 글로벌 추세와 상반된 방향으로 움직이는 동안, 유럽과 중국의 전기차 시장은 빠르게 성장했다. 뒤늦게 바이든 대통령이 파리기후변화협약에 재가입하고, IRA 법안을 발의하면서 친환경에너지 산업을 밀어주고 있지만 침투율에서 알 수 있듯이 갈 길이 먼 상황이다.

　IRA 법안을 뜯어보면 미국 내에 공장을 짓도록 규정하고 있고, 미국에서 고용을 창출하고, 미국 전기차 산업의 성장에 기여하는 기업에만 혜택을 제공하고 있다. 기업 입장에서는 혜택을 받기 위해 미국에 공장을 짓고 투자를 하는 수밖에 없다.

○ 북미 배터리 수급 균형 전망

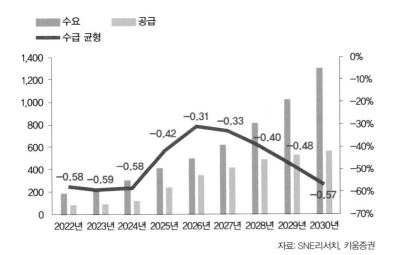

자료: SNE리서치, 키움증권

SNE리서치 자료에 따르면 특히 북미시장에서 배터리 수급 불균형 문제가 커질 수 있다고 보고 있다. 이 자료에 따르면 향후 수년간 배터리 공급 부족(쇼티지) 사태가 벌어질 가능성이 있다. 주요 업체들은 향후 있을 배터리 부족 사태에 대비해 공격적으로 북미시장에 투자하고 있다.

2021년 자동차 반도체 부족 사태로 신차를 계약하고 받기까지 1~2년이 걸린 웃지 못할 상황이 벌어진 것처럼, 전기차 배터리 수급 불균형 문제도 심각해질 수 있다. 이에 대비해 미국, 유럽 완성차 브랜드들은 지분을 투자해 합작법인(JV) 형식으로 공장을 증설

하는 추세다. 완성차 브랜드와 셀메이커 기업이 힘을 합쳐 미국 내 신규 공장을 짓거나, 완성차가 직접 양극재 업체에 투자하는 합작법인 형태도 다수 나타나기 시작했다. 대표적인 주요 JV는 LG에너지솔루션과 GM이 합작한 얼티엄셀즈, LG에너지솔루션과 스텔란티스가 합작한 넥스트라에너지, SK온과 포드가 합작한 블루오벌 등이다. 글로벌 톱티어 완성차 업체들이 한국의 배터리 양산 업체들과 손을 맞잡는다는 것은 상당히 의미 있는 양상이다. 그만큼 한국 2차전지 기업들이 경쟁력을 인정받고 있다는 뜻이기 때문이다.

가뜩이나 수요는 늘고 공급은 부족한 상황에서 2022년부터 단기간에 금리가 급격히 높아지자, 신규 투자자금 조달에 어려움을 겪는 일부 기업이 파산하는 불상사가 나타났다. 브리티시볼트가 그런 사례인데, 이러한 시장의 동향을 보면 생산능력을 인정받고 있는 한국의 주요 기업들의 위상이 더 좋아지는 그림이란 생각이 든다.

2차전지에 투자하는 3가지 방향성

• • •

따라서 전기차 시장의 전망을 좋게 본다면 한국과 중국 기업에 투자하는 ETF 투자를 고려해볼 필요가 있다. 방향은 크게 3가지다. 첫 번째는 글로벌 전기차 시장의 성장을 주도할 북미시장을 중심으로 점유율을 높이고 있는 한국 핵심 업체에 투자하는 것이다. 두 번째는 중국 시장에서 이미 중국 업체들 위주로 밸류체인이 구축된 만큼 현지 업체에 집중 투자하는 것이다. 세 번째는 중국과 한국 핵심 기업에 골고루 투자하는 것이다. 만일 한국 기업과 중국 기업을 한 바구니에 담아 각국이 지닌 비전을 공유하고 싶다면 세 번째 방법을 선택해야 할 것이다.

첫 번째 전략을 선택했다면 한국에 상장된 대표적인 2차전지 ETF 'KODEX 2차전지산업'을 추천한다. 미국 시장의 성장성을 고려해보면 왜 한국 기업에 투자하는 ETF가 매력적인지 이해될 것이다. 글로벌 완성차 브랜드의 향후 판매계획을 보면 테슬라, GM, 현대차, 포드의 성장이 기대되는데, 이들 모두 한국 업체에 배터리를 맡기거나 배터리 소재를 공급받고 있다.

'KODEX 2차전지산업'을 추천하는 이유는 국내에 상장된 2차전지 ETF 중에서 비교적 대형주 비중이 높고 운용 규모도 크기 때문이다. BM지수는 'FnGuide2차전지산업지수'다. 구성 종목을 보면 국내 배터리 셀메이커 3사 삼성SDI, LG에너지솔루션, SK온(아직 상장되지 않아 모회사인 SK이노베이션으로 대체)을 보유하고 있고, 이 밖에 핵심 소재인 양극재와 음극재 등을 주요 글로벌 자동차 브랜드에 공급하는 기업들 위주로 포트폴리오를 구성하고 있다. 운용보수는 0.45%로 해외에 상장되어 있는 ETF에 비해 조금 높은 편이지

여기서 잠깐!

'KODEX 2차전지산업(삼성자산운용, 18년 상장, 시총 1조 1,261억 원)' 외에도 국내 2차전지 ETF로는 'TIGER 2차전지테마(미래에셋자산운용, 18년 상장, 시총 1조 3,362억 원)'가 있습니다.

※시총 기준은 2023년 8월

만 국내 공모펀드와 비교하면 저렴한 편이다.

두 번째 전략을 선택했다면 중국 전기차 관련 기업에 투자하는 ETF 'Global X China Electric Vehicle and Battery'를 추천한다. 앞서 이야기한 것처럼 중국은 자국 제품을 밀어주는 특징이 있기 때문에 해당 시장의 성장을 투자로 연결시키려면 중국 업체에 투자하는 것이 좋다. 미래에셋자산운용이 홍콩 현지에서 출시한 상품으로 달러로 투자할 수 있다. 주요 구성 종목을 보면 글로벌 톱티어 배터리 업체인 CATL과 중국 내 판매량 1위 전기차 브랜드이자 소재 업체인 BYD(비야디), 소재 및 광물자원을 가공하는 업체들이 주를 이루고 있다. 상위 10개 종목이 60% 이상을 차지하기 때문에 포트폴리오가 압축되어 있다고 볼 수 있다.

세 번째는 중국과 한국의 전기차 및 배터리 기업에 분산투자하는 'KODEX 한중전기차'에 투자하는 것이다. 해당 ETF는 2022년 12월에 상장된 상품으로 아직 순자산 규모는 크지 않다. 다만 삼성자산운용에서 전략적으로 내놓은 ETF다 보니 보수가 0.25% 수준밖에 되지 않고, 포트폴리오 구성이 필자가 생각하는 투자 아이디어와 일정 부분 일치해 좋은 선택지라 생각한다.

한국 기업 15종목과 중국 기업 15종목에 분산투자하는 ETF다. 포트폴리오 구성 종목을 살펴보면 CATL, BYD, 삼성SDI, LG화학, LG에너지솔루션 편입 비율만 50%에 달한다. 이렇게 특정 섹터에 집중 투자하는 ETF는 투자 집중도가 상당히 중요하다. 상위 기업의 성과에 따라 수익률이 크게 달라질 수 있기 때문이다. 너무 많이 분산되어 있으면, 그러니까 구성 종목의 수가 많으면 안정성은 높

종목명		지수 내 비중(%)
Contemporary Amperex Technology Co., Limited.	16.08%	
BYD Co Ltd	9.06%	
삼성SDI보통주	8.38%	
LG화학보통주	7.44%	
현대자동차보통주	7.00%	
기아보통주	5.36%	
LG에너지솔루션보통주	4.72%	
Shenzhen Inovance Technology Co Ltd	4.63%	
애코프로	3.51%	
Eve Energy Co Ltd	2.87%	

삼성자산운용사에서 확인한 'KODEX 한중전기차'의 상위 10개 종목 포트폴리오

아지지만 수익은 줄어들 수 있다. 특정 밸류체인 내의 기업의 성과가 도드라져도 일부 성과가 부진한 종목이 같이 들어가 있으면 해당 ETF의 수익률은 미미할 수 있다.

개별 종목 리스크란 무엇인가?

개별 기업의 리스크를 판단해내는 역량이 모자란다면
리스크를 짊어져야 할지도 모른다.

체계적위험과 비체계적위험

• • •

개별 종목 리스크는 ETF를 투자함에 있어서 장점이자 단점인 부분이다. 주식투자를 함에 있어 투자자가 고려해야 할 리스크의 종류는 너무나 다양하다. 보통 체계적위험과 비체계적위험으로 분류한다. 체계적위험이란 시장 위험을 말하며 회피할 수 없는 리스크를 뜻한다. 비체계적위험은 개별 기업의 위험을 말하며 피할 수 있는 리스크를 뜻한다. 이해하기 쉽게 예를 들어보겠다.

예를 들어 A라는 회사가 있는데 재무구조가 안 좋고 과거 대규

○ 체계적위험과 비체계적위험

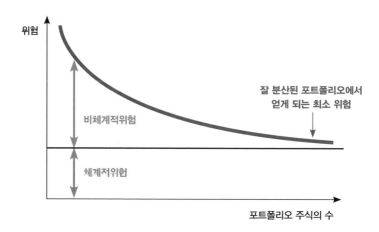

모 자본적지출이 있었다면 외부에서 자금을 조달했다고 추측할 수 있다. 그런 회사가 유상증자를 하겠다 공시하면 투자자 입장에서는 피할 수 있는 리스크(비체계적위험)에 해당한다. 조금만 분석하고 공부하면 재무구조가 나쁜 기업은 충분히 피할 수 있다.

체계적위험은 피할 수 없는 리스크를 의미한다. 예를 들어 유럽 증시에 상장된 기업에 투자했는데 러시아-우크라이나 전쟁이 터져 시장이 급락했다면 피할 수 없는 체계적위험에 해당한다. 체계적위험은 예측만으로는 피하기가 상당히 어렵다. 물론 예측할 수 없다고 해서 나쁘기만 한 것은 아니다. 필자가 생각하기에 그러한 리스크도 시장에 존재해야 새로운 기회도 생기고 보이는 것이다.

정리하면 비체계적위험은 노력에 의해 피할 수 있지만 개별 기업의 리스크를 판단해내는 역량이 모자란다면 리스크를 짊어져야 할지도 모른다. 만일 시장과 기업을 분석하고 관련 경제지표를 공부하기 어려운 상황이라면 ETF를 통해 그 리스크를 줄일 수 있다. 일단 유동성이 적은 주식은 ETF로 투자하기 어렵기 때문에 시가총액이 너무 작거나 거래량이 안 나오는 종목은 운용사에서 거른다. 그런 리스크를 짊어진 기업을 운용사가 일차적으로 필터링하므로 상대적으로 안전한 편이다.

전문가인 운용역이 ETF에 주식을 담을 때 여러 방면의 리스크를 점검하기 때문에 개인투자자 입장에서는 비교적 안전하게 투자할 수 있다. 비체계적위험이 걱정된다면 ETF 투자를 통해 이러한 위험을 낮추기 바란다. 만일 좀 더 개별 종목에 집중하고 싶다면 여러 ETF가 공통적으로 높은 비중으로 담고 있는 주식만 골라서 매입하는 것도 한 방법이다.

산업별 사이클에
민감해야 하는 이유

초보 투자자라면 시크리컬 산업에 투자하는
테마형 ETF는 피하는 것이 좋다.

사업별 사이클에 관한 이야기는 단순히 ETF에만 국한된 내용은 아니다. 주식투자를 한다면 기본적으로 알고 있어야 하는 내용이다. 특정 산업은 경기에 민감하게 반응하기 때문에 기업의 이익이 좋다고 해서 반드시 주가가 오르는 것은 아니다. 불필요한 손해를 줄이려면 투자하기 전에 산업별 사이클부터 이해해야 한다.

예를 들어 초보 투자자라면 시크리컬 산업에 투자하는 테마형 ETF는 피하는 것이 좋다. 시크리컬 산업이란 경기민감산업을 의미하는데, 다른 산업과 비교했을 때 시황과 경제 흐름의 영향을 더 많이 받는 업종을 뜻한다. 개별 기업의 성과를 중요시하는 일반 산업

군과 달리 이익 수준과 마진율을 결정하는 데 보다 많은 외부 요인이 영향을 미친다. 그래서 실적의 변동폭이 크고 들쭉날쭉할 가능성이 높다.

대표적으로는 반도체 섹터, 화학 섹터가 시크리컬 산업에 해당한다. 업황의 사이클에 따라 기업의 주가가 좋기도 하고 나쁘기도 하다. 사이클이 번갈아가면서 나타나기 때문에 해당 업종은 변수가 다양해 투자 시 들여다봐야 할 요소가 많은 편이다. 또한 투자 타이밍도 쉽게 예측하기 힘들다. 그런데 아이러니하게도 국내 개인투자자가 가장 많이 찾는 섹터가 반도체 섹터다.

삼성전자와 SK하이닉스 때문인지 국내 개인투자자들은 미국 시장에 상장된 ETF를 찾을 때도 반도체에 투자하는 'iShares Semiconductor(이하 SOXX)'나 'VanEck Semiconductor(이하 SMH)'와 같은 상품을 많이 찾는다. 이러한 시크리컬 산업 ETF는 타이밍을 잘못 잡으면 물리기 십상이다.

이해하지 못하면 투자하지 마라

• • •

개인투자자가 조심해야 할 부분은 산업의 호황과 침체 사이클, 상승과 하락 사이클이 정확하게 일치하지 않는다는 점이다. 대표적

○ SK하이닉스, 마이크론, TSMC 매출 추이(분기 기준)

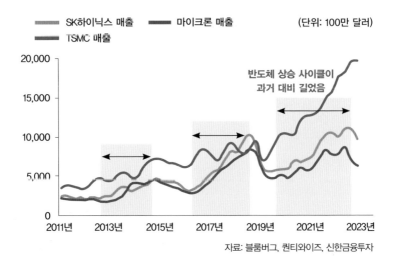

SK하이닉스 매출　　마이크론 매출　　(단위: 100만 달러)
TSMC 매출

반도체 상승 사이클이
과거 대비 길었음

자료: 블룸버그, 퀀티와이즈, 신한금융투자

으로 반도체 '슈퍼사이클'이라는 보도가 쏟아졌던 2020~2021년을 돌아보자. 삼성전자의 주가는 2021년 1월부터 11월까지 계속 하락했다. 반도체 산업의 사이클을 분석해보면 전형적인 시크리컬 산업의 특성을 보인다.

반도체 산업에 영향을 미치는 요인으로는 재고 수준, 고객사의 수요 수준, 반도체의 품목별 물가 및 고정가격 추이 등 여러 가지가 있다. 상세한 내용을 일일이 설명할 순 없지만 사이클의 특징은 이렇다.

첫 번째, 반도체는 사이클마다 지속 기간을 가늠하기 어렵다. 가장 최근 사이클을 보면 호황기가 3년 가까이 이어졌다. 과거에는 짧게는 2년 안에 사이클이 막을 내린 바 있다. 사이클의 지속 기간은 앞서 언급한 여러 요인으로 가늠하는 수밖에 없다.

두 번째, 하나의 상승 사이클 안에서도 주가는 여러 차례 등락한다. 하나의 상승 사이클 안에서 잠시 주가가 하락한다 해도 피크아웃, 즉 고점을 찍고 꺾이는 시점이 아닐 수 있다. 이러한 이유로 매도 시점을 결정하기 어려울 수 있다. 잘못 판단하면 매입가는 비싸고, 매도가는 낮은 실수를 범할 것이다. 그뿐이겠는가? 물려 있는 동안 다른 데 투자할 기회까지 날려버린다는 걸 감안하면 이만한 마이너스가 없다.

"어떤 사업을 하는지 당신이 이해하지 못한다면 그 회사의 주식은 사지 마라." 투자의 귀재 워런 버핏의 말을 명심하자. 해당 산업의 사이클을 제대로 이해하지 못한다면 투자로 성공할 가능성은 희박하다.

반도체 사이클의 상승·하락 경로를 증권사 반도체 담당 송명섭 애널리스트는 다음과 같이 정리했다.[3]

반도체 호황 → 반도체 섹터 이익 증가 → 고객사 요청 증가 및 원가 절감을 위한 자본적지출 → 경쟁 업체들의 동반 투자 증가 → 업계 내 공급량 증가 → 공급 과잉 → 반도체 불황 전환 → 반도체 섹터 이익

감소 → 현금 여력 부족으로 감당 어려워 자본적지출 감소 → 업계 전반적인 공급 증가율 하락 혹은 감산 → 공급 부족 → 반도체 호황

실제로 반도체 산업의 주가 반등은 공급 부족이 나타나고 호황 국면으로 접어들기 전에 나타난다. 이러한 시크리컬 산업 특유의 구조적인 움직임이 개인투자자로 하여금 성과를 내기 어렵게 만든다. 주요 업체들의 자본적지출이 줄고 생산량이 감소하는 시점이 불황기가 끝나가는 시기라고 보면 된다.

필자가 이야기하고 싶은 부분은 시크리컬 산업에 투자하고 싶다면 적어도 해당 산업군의 사이클이 호황인지 아닌지를 판단하는 대표 가늠좌에 대해 알아야 한다는 것이다. 어느 정도 공부를 한 다음 호황기에 있을 때만 투자하는 것을 추천한다. 상승 사이클 도중에 샀다면 고가에 샀더라도 회복할 확률이 꽤 있기 때문이다. 반대

> **여기서 잠깐!**
>
> 국내 반도체 ETF로는 'KODEX 반도체(삼성자산운용, 06년 상장, 시총 5,270억 원)' 'TIGER 반도체(미래에셋자산운용, 06년 상장, 시총 2,426억 원)'가 있습니다.
>
> ※시총 기준은 2023년 8월

로 하락 사이클 도중에 샀다면 1년 이상 손실인 채 계좌에 골칫거
리로 남아 있을지 모른다.

국내외 ETF 정보, 쉽게 찾는 방법

해당 ETF의 시가총액, 운용보수, 보유 자산의 섹터 및 국가 그리고 포트폴리오 구성 종목 등을 파악할 필요가 있다.

어디서, 어떻게 찾아야 할까?

• • •

해외 ETF와 관련된 가장 정확한 정보를 찾는 방법은 상품을 운용하는 운용사의 사이트를 찾는 것이다. 예를 들어 친환경 기업에 투자하는 'PBD'에 대해 알고 싶다면 운용사인 인베스코의 사이트를 확인하면 된다. 가장 정확하고 상세한 데이터를 확인할 수 있다. 운용사 사이트에 접속해 ETF 티커로 검색하거나 운용 상품을 정리해놓은 부분을 찾아서 확인하면 된다. 여러 정보가 있지만 그중에서도 해당 ETF의 시가총액, 운용보수, 보유 자산의 섹터 및 국가,

그리고 포트폴리오 구성 등을 파악할 필요가 있다.

국내에서 거래되는 ETF 정보도 마찬가지다. 삼성자산운용, 미래에셋자산운용과 같은 여러 운용사에서 관련 상품에 대한 정보를 얻을 수 있다. 최신 자료이고 신뢰도가 높기 때문에 가급적 운용사 사이트는 자주 방문하기 바란다.

두 번째 방법은 'ETF닷컴(www.etf.com)'을 이용하는 것이다. ETF닷컴에서 미국에 상장한 다양한 ETF 정보를 얻을 수 있다. ETF 간 성과도 쉽게 비교 가능하다. 이 밖에도 투자 트렌드를 파악하는 데 많은 도움이 되는 볼거리가 있다. 최근 증시 흐름과 주목받고 있는 ETF를 중심으로 성과 분석 등의 자료를 제공한다. 한눈에

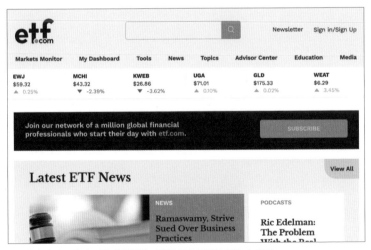

ETF닷컴 사이트 화면. 미국에 상장한 다양한 ETF 정보를 얻을 수 있다.

보기 좋게 정리해 보여준다. 특정 산업 혹은 상품에 투자하는 ETF 여러 개를 놓고 비교하기 용이하다.

세 번째 방법은 'KRX 정보데이터시스템(data.krx.co.kr)'을 이용하는 것이다. 한국거래소가 운용하는 서비스로 ETF뿐만 아니라 각종 지수, 주식, 증권 상품 등 다양한 정보를 제공한다. 시장의 큰 흐름과 추적오차율, 괴리율 등을 한눈에 비교할 수 있다.

- 전체 자산의 일부는 선진국인 미국에 투자하되, 국내 기업 중 글로벌 산업 내에서 지위가 높은 기업에 투자한다면 좋은 성과를 거둘 수 있다.

- 국내상장 ETF의 이름은 약간의 규칙만 알면 된다. 앞부분에는 자산운용사 고유의 ETF 브랜드를, 그다음에는 추종 지수와 전략을, 마지막으로 합성, 헤지, TR 여부가 기재된다.

- 전기차 배터리 시장은 2022년 기준으로 894만 대 규모에 달한다. 국가별로 차이는 있겠으나 2030년까지 가파른 성장세를 보일 것으로 점쳐진다. 그 중심에는 한국 기업들이 있다.

- 비체계적위험은 노력에 의해 피할 수 있지만 개별 기업의 리스크를 판단해 내는 역량이 모자란다면 리스크를 짊어져야 할지도 모른다. 만일 시장과 기업을 분석하고 관련 경제지표를 공부하기 어려운 상황이라면 ETF를 통해 그 리스크를 줄일 수 있다.

- 특정 산업은 경기에 민감하게 반응하기 때문에 기업의 이익이 좋다고 해서 반드시 주가가 오르는 것은 아니다. 불필요한 손해를 줄이려면 투자하기 전에 산업별 사이클부터 이해해야 한다

- 해외 ETF와 관련된 가장 정확한 정보를 찾는 방법은 상품을 운용하는 운용사의 사이트를 찾는 것이다.

워런 버핏이 추천하는 지수추종 ETF

현금흐름을 만드는 배당형 ETF

시크리컬 산업의 대표 주자, 반도체

지수가 하락하면 오르는 인버스 ETF

커버드콜 ETF란 무엇인가?

Chapter 3

어떤 ETF를
사야 할까? ①

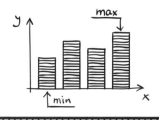

워런 버핏이 추천하는
지수추종 ETF

미국의 가장 매력적인 기업이 모여 있는
S&P500 수익률을 매년 이기기란 쉽지 않다.

    ETF의 수익률을 평가하는 기준은 BM 대비 얼마나 성과를 잘 냈는지 여부다. BM만 잘 쫓는다고 다가 아니다. ETF도 결국 펀드의 일환이다. 개인투자자가 운용사에 수수료를 내고 투자하는 개념이므로 만일 시장(예를 들어 코스피지수)보다 못한 성적을 올렸다면 투자할 이유가 없다. 그래서 과거 1년간(시장 변동성이 높았다면 그 이상인 3년 혹은 5년) 해당 ETF가 BM보다 좋은 성과를 올렸는지 살펴볼 필요가 있다. 참고로 S&P500과 같은 기초지수는 '정기 변경일'이 있어 보통 연 1~4회 종목을 변경한다(예를 들어 코스피200은 연 1회). 이때 어떤 종목이 새로 들어오는지도 중요하다.

20년 동안 딱 2번 마이너스를 기록한 'SPY'

• • •

"내가 죽으면 전 재산의 90%는 S&P500을 추종하는 인덱스펀드에,
10%는 채권에 투자하라."

워런 버핏은 2013년 미리 작성한 유서를 이와 같이 밝혔다. 그
만큼 S&P500지수는 매년 우수한 성과를 올리고 있다. 실제로 월
가에서 거액의 투자금이 유입되는 헤지펀드의 연도별 수익률과
S&P500지수를 비교해보면 결과는 참담하다. 그야말로 S&P500의
완승이다. 롱숏을 모두 사용해 하락에도 수익을 벌어들이는 유연한
투자 전략을 구사하는 헤지펀드조차 S&P500의 수익률을 이기지
못했다.

5개 헤지펀드와 S&P500 인덱스펀드의 10년 누적 수익률을 비교
해보면 확연한 차이를 알 수 있다. 헤지펀드사인 프로테제 파트너
스가 선정한 5개 펀드의 누적 수익률은 36.3%인 반면, S&P500 인
덱스펀드의 누적 수익률은 125.8%에 달했다.

이렇듯 월가에서 일하는 전문가들도 미국의 가장 매력적인 기업
이 모여 있는 S&P500의 수익률을 매년 이기기란 쉽지 않다. 하물
며 매일 직장에서 일하면서 재테크 수단으로 투자에 뛰어든 우리
가 이보다 높은 수익률을 기대하는 것은 무모하지 않겠는가? 우량

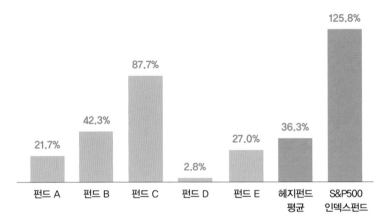

○ 2008~2017년 인덱스펀드와 헤지펀드 수익률 비교

125.8%
87.7%
42.3%
21.7%
2.8%
27.0%
36.3%

펀드 A 펀드 B 펀드 C 펀드 D 펀드 E 헤지펀드 S&P500
평균 인덱스펀드

자료: 2017년 버크셔 해서웨이 주주서한

한 BM을 추종하는 ETF를 눈여겨봐야 하는 이유다.

S&P500을 추종하는 대표적인 ETF인 'SPY'의 최근 20년간 차트를 보면 몇 차례 하락을 제외하곤 매해 플러스 수익률을 기록했다. 2008년 글로벌 금융위기(-38.49%), 2015년 중국 증시 난항(-0.73%), 2018년 미·중 무역 갈등 및 금리 인상(-6.24%) 딱 3년을 제외하고는 매해 성장했다. 실질적으로 전 세계 금융시장이 어려웠던 해를 제외하면 20년간 큰 위기 없이 높은 수익률을 기록했다.

'SPY'는 미국의 대표적인 지수 S&P500에 투자하는 전략이기 때문에 사실상 미국이라는 국가에 투자하는 것이라고 봐도 무방하다.

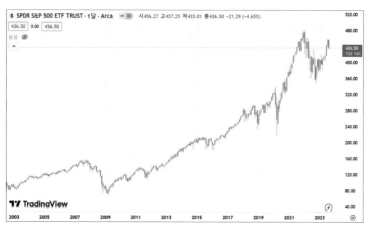

트레이딩뷰에서 살펴본 'SPY'의 최근 20년간 차트

그래서 다른 특정 섹터에 투자하는 ETF에 비해 성과가 안정적인 편이다. 워런 버핏이 전 재산의 90%를 투자하고 싶다는 ETF가 바로 이런 ETF다.

S&P500은 미국의 대표적인 500개 기업의 주가를 추적하는 지수이기 때문에 일종의 BM이기도 하다. 미국 상장 기업 시가총액의 80% 이상을 포함하고 있어 시장을 가장 잘 대변한다고 알려져 있다. 다시 말해 미국 주식투자에 있어서 시장수익률을 이긴다는 건 적어도 S&P500보다 높은 수익률을 매년 올려야 한다는 뜻이다. 할수 있겠는가? 자신이 없다면 'SPY'가 좋은 대안이 될 수 있다.

여기서 잠깐!

S&P500과 함께 미국 증권시장을 대표하는 다우존스를 추종하는 ETF
로는 'SPDR Dow Jones Industrial Average ETF Trust(스테이트 스
트리트, 98년 상장, 시총 31.15B 달러)'가 있습니다.

※시총 기준은 2023년 8월

현금흐름을 만드는 배당형 ETF

배당을 기대하고 투자한다면 장기적인 추세에서
주가의 수익률이 잘 방어되는지 반드시 확인해야 한다.

개인투자자가 꿈꾸는 가장 이상적인 삶은 집주인의 삶이 아닐까 싶다. 따박따박 월세를 받으며 사는 안정적인 삶은 누구나 꿈꾸는 행복하고 여유로운 삶이다. 하지만 집주인이라고 다 같은 집주인이 아니다. 가령 우리에게 3억 원이 있다고 가정해보자. 마포역 인근 H오피스텔의 매매가가 약 3억 원이다(2022년 7월 기준). 이를 사서 월세를 돌릴 경우 매달 75만 원을 얻을 수 있다. 1년간 예상되는 수익은 900만 원으로 매매가를 고려한 연간 수익률은 약 3%다. 세금까지 고려한다면 이마저도 더 줄어들 것이다. 수익형 부동산으로 만족스러운 수익을 얻기란 이처럼 쉽지 않다.

수익형 부동산 못지않은 ETF

• • •

필자가 소개하는 ETF는 미국에서 배당형으로 운용하는 ETF 중 가장 잘 알려진 상품이다. 바로 'SPDR Portfolio S&P 500 High Dividend(이하 SPYD)'다. 시가총액은 약 70억 달러다(2023년 8월 기준). 배당투자에 있어서 가장 중요한 부분은 얼마나 오랫동안 높은 배당수익률을 유지해 왔느냐일 것이다. 오랫동안 배당을 줄이지 않았거나 배당금액을 꾸준히 늘리고 있다면 긍정적인 신호로 받아들이면 된다. 상품의 과거 5개년 이상의 배당내역을 살펴보면 우리가 얼마를 투자해서 얼마의 배당을 누릴 수 있는지 대략적으로 가늠할 수 있다.

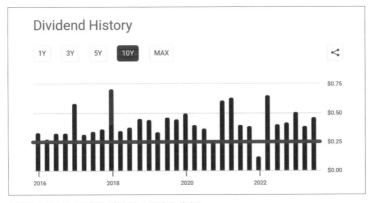

시킹알파에서 살펴본 'SPYD'의 최근 10년간 배당금

'SPYD'의 경우에는 1년간 총 4번의 배당금을 지급하고 있다. 매 분기 0.25달러 이상의 배당을 지급했고, 코로나19로 인해 배당 재원에 악영향을 받았을 것으로 예상되는 2021년 마지막 분기에만 배당금액이 절반 이상 줄어들었다. 단순 계산하면 주당 연간 1달러 (0.25달러×4분기)의 배당금을 기대할 수 있다. 투자금액 대비 배당금의 비율은 평균적으로 3~5%대에 달한다. 배당소득세를 감안하더라도 3%대 수익을 가져갈 수 있다. 이 정도 수익률이라면 오피스텔 투자로 월세를 받는 것만큼 꽤나 괜찮은 수준이다.

ETF 가격 대비 배당금액을 배당수익률이라고 표현하는데, 일반적으로 배당수익률은 '연 배당금÷주가'의 산식으로 계산하기 때문에 주가가 하락하면 배당수익률이 높아지는 허점이 있을 수 있다. 따라서 배당을 기대하고 투자한다면 장기적인 추세에서 주가의 수익률이 잘 방어되는지 반드시 확인해야 한다. 그렇지 않으면 배당수익률의 함정에 빠질 수 있다.

차트를 보면 2017년 이후로 연간 수익률은 -11~32% 수준을 기록했으며, 장기적인 추세에서는 코로나19와 같은 특수한 상황을 제외하면 최근 5년간 지속적으로 우상향하는 모습을 보였다. 팔지 않고 배당을 계속해서 받았다면 매년 배당금과 더불어 시세차익도 기대할 수 있다는 뜻이다.

배당을 기대하고 'SPYD'를 매입할 계획이라면 코로나19처럼 예

시38.77 고38.83 저36.47 종36.77 -2.07 (-5.33%)

36.77 0.00 36.77

48.00
46.00
44.00
42.00
40.00
38.00
36.77
10d 15h
34.00
32.00
30.00
28.00
26.00
24.00
22.00
20.00

트레이딩뷰에서 살펴본 'SPYD'의 차트

상치 못한 위기가 찾아 와도 흔들릴 이유가 없다. 주기적으로 지급 받는 배당금을 통해서 현금흐름을 창출하는 게 목적이라면 단기적인 주가 변동에 연연하지 말자. 일순간 주가가 하락한다고 저가에 매도하는 것은 좋은 대응이 아닐 수 있다.

'SPYD'는 고배당을 주는 대표 기업군인 에너지 회사 위주로 포트폴리오를 구성하고 있다. 보유 자산을 확인해보면 석유에너지 업체 엑슨모빌, 쉐브론을 높은 비중으로 보유하고 있다. 배당을 많이 주는 업체가 주로 에너지 관련 업체인 경우가 많다 보니 포트폴리오가 특정 섹터에 치중되어 있다고 볼 수도 있다. 이런 경우 매입하는 시점이 상당히 중요하다.

배당을 목적으로 하는 투자는 기본적으로 다음의 2가지 조건을 충족하는 시점에 투자할 필요가 있다.

첫 번째는 매입 시점 가격이 저렴해야 한다는 것이다. 배당수익률을 계산하는 데 있어 가장 중요한 것이 투자 단가이기 때문이다. 다시 말해 배당금이 변화 없이 일정하다면 최대한 낮은 단가에 매입하는 것이 중요하다. 장기간 배당을 통한 현금흐름을 기대한다하더라도 마지막에는 결국 해당 자산을 팔아서 총수익을 계산하기마련이다. 투자원금 대비 얼마나 높은 가격에 팔 수 있는지에 따라서 그동안 받은 배당금에 보탬이 될 수도 있고, 수익이 훼손될 수도있다. 평균 매입단가를 특별히 신경 써야 하는 이유다.

두 번째는 배당금액이 지속적으로 유지되거나 더 나아가서 배당금액이 늘어날 수 있는 기업을 선택하는 것이다. 이 부분은 사실 전문적인 지식이 있지 않는 한 고르기 어렵다. 적어도 배당이 줄어들지 않을 ETF를 선택하는 것이 중요하다. 배당 재원이 충분한지 여부는 이익이 훼손되었는지 아닌지를 보면 판단이 설 것이다. 배당을 특정 해에 과하게 지급했는지를 확인해보면 해당 종목이 배당을 장기적으로 안정적으로 지급할 수 있는지 대략 파악할 수 있다. 이때 배당성향을 보면 도움이 되는데, 배당성향을 계산하는 공식은 다음과 같다.

$$(배당금/당기순이익) \times 100$$

해당 값이 100%에 가깝거나 그 이상이면 순이익에 비해 과한 배당을 지급한다는 의미다. 이 경우 배당이 일시적으로 늘어났다가 다시 배당컷이 나타날 수도 있고, 이와 관련해 문제가 발생해 주가가 급락할 수도 있다. 다행히 ETF라면 배당성향이 100%를 초과하는 경우가 거의 없다.

참고로 예시로 든 'SPYD'의 경우 에너지 관련주가 많이 담겨 있는 상품이다 보니 원유 가격과 밀접한 양상을 보인다. 'SPYD' 가격을 같은 기간 동안 비교해놓고 보면 유가가 높을 때 'SPYD'도 비싸지는 경향을 보였고, 반대로 유가가 하락할 때 'SPYD'도 저점을 형성했다. 매입 단가를 낮추고 싶다면 유가가 낮은 시점에 진입하는 것이 좋다.

시크리컬 산업의 대표 주자, 반도체

업황이 좋아지는 구간, 안 좋아지는 구간과 같은
변곡점을 파악하는 것이 핵심이다.

개인적으로 반도체 섹터는 전 섹터를 통틀어 가장 어려운 산업군
이라고 생각한다. 그럼에도 한국이 반도체 선진국이라 그런지 국내
개인투자자들은 반도체 섹터에 굉장히 관심이 많다(온 국민이 삼성
전자와 SK하이닉스만 바라보고 있다). 이번에는 반도체 섹터에 투자
할 때 알아두면 좋은 부분을 정리해보겠다.

반도체 섹터는 대표적인 시크리컬 산업이다. 경기가 좋을 때 크
게 호황을 누리고, 경기가 안 좋을 때 다른 산업 대비 크게 꺾인다.
필자는 이런 특성을 두고 레버리지 성격을 지닌 섹터라고 표현한
다. 오를 때는 남들보다 2~3배 좋고, 빠질 때는 남들보다 2~3배 떨

어지기 때문이다. 이러한 특성 때문에 업황이 좋아지는 구간, 안 좋아지는 구간과 같은 변곡점을 파악하는 것이 핵심이다. 꺾이는 시점을 알아차리지 못하면 수익률이 크게 훼손될 수 있다.

시크리컬 산업의 핵심은 수요와 공급의 함수를 파악하는 것이다. 반도체 산업은 특히 전 세계 수요처와 공급처의 물량싸움에 의해 기업들의 주가가 결정된다. 실적이 말하는 숫자만을 보고 투자해선 안 된다. 반도체 산업의 경우 오히려 실적 발표치가 나쁠 때 바닥을 치고 상승 전환하는 경우가 많다. 업황이 바닥 구간을 지나고 있다고 시장에서 기대하기 때문이다.

반도체 산업의 생태계

• • •

반도체 산업을 이해하기 위해서는 산업의 생태계부터 이해해야 한다. 고객사들이 물량을 많이 요구하는 호황기일 때 메모리 업체들은 수요 증대에 맞춰 공격적으로 증설에 집중한다. 즉 자본적지출을 통해 생산물량 제고를 노린다. 물론 메모리 업체들도 바보는 아니기 때문에 혹시 모를 리스크(공급량이 너무 늘어나 수요보다 많아졌을 때, 수요가 부진해져 업황이 나빠졌을 때)에 대비해 자본적지출을 조절한다.

과감하게 자본적지출을 투입하는 이유는 추후 호황을 누릴 때 시장에서 더 좋은 지위를 선점하기 위해서다. 그래서 다른 업체들이 감산하고 생산량을 줄이고 재고를 털어내는 국면에서도 특정 업체는 투자 규모를 유지하기도 한다. 그래서 몇몇 업체의 동향만 보고 업황을 판단하기엔 다소 어려움이 있다. 적어도 국내에서는 삼성전자, SK하이닉스 2개 기업을 파악해야 하고, 해외에서는 마이크론, TSMC 2개 기업의 스탠스를 확인해야 한다. 즉 메모리, 파운드리 사업 분야에서 톱티어인 기업들의 행보에 따라 시장의 방향은 달라질 수 있다.

시크리컬 산업의 경우 주가가 실적을 6개월 이상 선행하는 경우가 상당히 빈번하게 나타난다. 특히나 반도체 산업은 다른 시크리컬 산업보다 주가가 이익을 선행하는 기간이 더 빠르다고 알려져 있다. 삼성전자의 주가와 실적을 같은 시계열에 놓고 표시한 차트를 보면 그 흐름을 알 수 있다. 디램 영업이익을 나타내는 선과 주가를 나타내는 선의 흐름을 살펴보면, 삼성전자의 주가가 바닥을 친 구간은 2018년 12월 부근이었는데, 영업이익이 가장 낮게 나타난 구간은 2019년 11월 부근이다. 시기상으로 11개월이나 주가가 실적을 선행한 것이다.

주가가 고점을 찍고 하락 전환하는 시점 또한 실적이 최대치를 기록하는 시점보다 빨리 나타났다. 지난 2022년 4월 7일 삼성전자

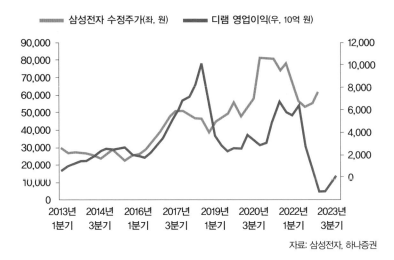

○ 디램 영업이익 vs. 삼성전자 주가

▬▬▬ 삼성전자 수정주가(좌, 원)　　━━ 디램 영업이익(우, 10억 원)

자료: 삼성전자, 하나증권

가 역대 분기 최대 실적을 발표했지만 오히려 주가는 52주 신저가를 경신했다.

세계에서 세 손가락 안에 들어가는 메모리 반도체 양산업체 마이크론의 시가총액과 실적을 비교한 차트를 보자. 위는 기업의 주가를, 아래는 'EBITDA(법인세, 이자, 감가상각비 차감 전 영업이익)'를 나타낸다. 초록색 동그라미에서 확인할 수 있듯이 실적이 바닥을 친 구간보다 1분기 정도 빠르게 주가가 반등했다. 턴어라운드 강도가 얼마나 강하게 나타나느냐, 그리고 주가가 얼마가 크게 빠진 다음 업황이 돌아섰느냐 등에 따라 다를 수 있지만 대부분은 이미 주

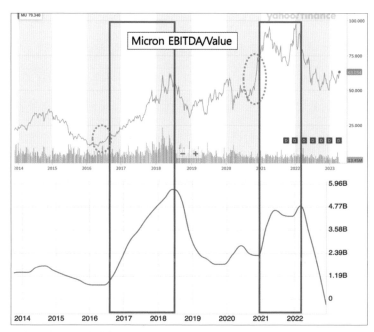

마이크론의 주가(상)와 실적(하) 차트

가가 꽤 올라온 다음에 실적이 반등하기 시작했다.

업황을 점검하기 위해서는 '스팟(현물) 가격의 흐름'을 눈여겨봐야 한다. 예를 들어 디램의 종류는 여러 가지가 있지만 가장 대표적인 PC 디램의 스팟 가격 흐름을 통해 시장의 방향성을 예측할 수 있다. 증권사 반도체 섹터 애널리스트가 올리는 동향 자료를 통해 스팟 가격의 추세를 쉽게 확인할 수 있다. 스팟 가격이 바닥을 치고 돌아서는 모습을 보이면 전문가들은 입을 모아 업황이 돌아서기 시작했다는 전망을 내놓는다. 이때 관련 기업들의 주가는 업황 턴어라운드에 대한 기대감이 선반영되어 오를 가능성이 높다.

두 번째 지표로는 주요 업체들의 자본적지출이다. 앞서 언급했듯이 시장이 얼어붙으면 주요 업체들은 투자를 줄이고 감산에 들어감으로써 제품 가격 하락을 방어하는 데 집중한다. 따라서 기업의 자본적지출의 추이를 살펴보면 업황의 변곡점을 파악하는 데 큰 도움이 될 것이다.

생각해볼 필요가 있는 부분은 재무제표가 나오는 시점과 업황의 추이를 선반영하는 주가 사이에 어느 정도 시간의 갭이 존재한다는 점이다. 2022년 결산하고 2023년 3월 사업보고서가 나오면, 재무제표에 기재된 숫자들은 2022년 한 해 동안 있었던 자금의 이동과 실적을 반영한 것이다. 즉 재무제표에 나와 있는 숫자들을 보고 자본적지출의 추이를 점검하기에는 시기적으로 뒤처질 수 있다는 것이다.

개인적으로 자본적지출은 '컨퍼런스 콜(이하 컨콜)'을 통해 확인하길 권한다. 컨콜로 향후 회사가 바라보는 업황에 대한 관점을 엿볼 수 있다. 실제로 삼성전자는 2023년 1월 컨콜 당시 인위적인 감산은 없다고 발표했으나, 4월 컨콜에서는 업황 분위기가 이전보다 급격하게 위축되어 감산을 통한 재고 조절을 하겠다는 의지를 밝힌 바 있다. 이렇듯 컨콜을 통해 기업의 스탠스 변화를 알 수 있고 업황의 분위기를 점검할 수 있다.

사실 주가가 올라가는 과정에서 자본적지출이 실제로 얼마가 찍혔는지 실시간으로 확인할 길은 없다. 앞서 이야기한 것처럼 주가가 먼저 반응하고, 자본적지출은 분기가 지나야 정확한 숫자로 재무제표에 반영되기 때문이다. 그렇지만 자본적지출이 주가 추이에 큰 영향을 미치는 만큼 대기업의 컨콜이나 발표 자료를 통해 그 규모를 가늠할 필요가 있다.

필자가 누누이 자본적지출을 강조하는 이유는 자본적지출이 발생하는 곳에서 산업의 성장이 만들어지기 때문이다. 자본적지출은 기업이 고정자산(토지, 기계, 설비, 건물과 같은 자산)을 구매하거나, 유효수명이 당회계년도를 초과하는 기존 고정자산에 투자할 때 발생한다. 예를 들어 2009~2011년 증시 상승을 이끈 주도 섹터는 소위 '차·화·정'이라 불리는 자동차, 화학, 정유(에너지)였다. 당시 주요 기업의 재무제표를 보면 2010년부터 자본적지출이 가파르게 증가했다.

언론 기사를 찾아보면 기업들은 2009년부터 자본적지출을 늘리겠다는 힌트를 꾸준히 내비쳤다. 당시 현대모비스가 1.2조 원 규모의 투자를 발표했고, 현대·기아차에서 4.1조 원 규모의 투자를 발표했다.[4] 실제로 2010년부터 자본적지출이 크게 상승했고 대표 기업들이 시장의 상승세를 리드했다. 당시 자동차 관련 종목들로 포

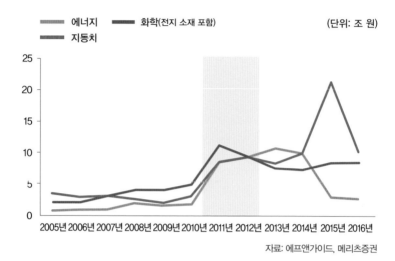

○ 차·화·정 자본적지출 흐름

에너지 　화학(전지 소재 포함) 　(단위: 조 원)
자동차

자료: 에프앤가이드, 메리츠증권

트폴리오를 꾸렸다면 상당히 우수한 성과를 누렸을 것이다.

컨콜 외에도 감산 여부를 간편하게 확인할 수 있는 방법이 있다. 바로 키워드 데이터 분석 서비스 '블랙키위(blackkiwi.net)'를 이용하는 것이다. 특정 키워드에 대한 검색량 통계를 차트로 보여주는데, 필자가 주로 사용하는 키워드는 '삼성전자 감산' '반도체 감산' 2가지다. 2가지 키워드를 입력한 다음 만일 최근 검색량이 급등했다면 실제로 감산에 들어갔는지 확인해보면 된다. 감산 키워드가 떠오르기 시작하는 즈음부터 반도체 관련 섹터에 대한 투자 비중을 조금씩 늘려도 된다고 생각한다.

여기서 잠깐!

반도체 산업에 투자하는 해외상장 ETF로는 'iShares Semiconductor(블랙록, 01년 상장, 시총 9.2B 달러)' 'VanEck Semiconductor(반에크, 11년 상장, 시총 9.97B 달러)' 'SPDR S&P Semiconductor(스테이트 스트리트, 06년 상장, 시총 1.68B 달러)'가 있습니다.

※시총 기준은 2023년 8월

이 책을 읽는 독자들이 부디 투자를 함에 있어 질적으로 성장하기를 희망한다. 주변을 둘러보면 "신문에서는 삼성전자 슈퍼사이클이라고 하는데 주가는 왜 계속 빠지는 거야?" "실적이 좋다 해서 반도체 ETF를 샀는데 왜 자꾸 떨어지지?" 하는 등 기초 지식과 소양이 부족한 질문을 많이 한다. 시크리컬 산업에 대한 최소한의 이해만 있어도 하지 않을 질문들이다. 남들보다 깊이 있게 공부하고 투자하면 경기 흐름에 흔들리지 않고, 중장기적으로 대응할 수 있는 전략을 세울 수 있다. 여러분이 부디 그렇게 되길 바란다.

지수가 하락하면 오르는 인버스 ETF

레버리지에 한계는 있지만 개인투자자도
보유 자산의 규모와 관계없이 숏 플레이를 할 수 있다.

개인투자자가 기관에 비해 불리한 점은 자본의 차이만은 아니다. 기관과 달리 포지션을 마음대로 구축하기 어려운 점도 크게 작용한다. 기관은 롱(매수 포지션)과 숏(매도 포지션)을 자유롭게 구사할 수 있고, 선물옵션과 같은 레버리지 상품을 이용해 보유 현금 대비 큰 규모로 포지션을 만들 수 있다. 반면 개인투자자는 전문 투자자가 아니기 때문에 운신의 폭이 좁은 편이다.

레버리지에 한계는 있지만 개인투자자도 보유 자산의 규모와 관계없이 숏 플레이를 할 수 있다. 바로 인버스 ETF다. 인버스 ETF란 BM이 하락하면 하락하는 폭만큼 수익을 내도록 설계된 상품이다.

참고로 투자 전략 중 하나이기에 소개하는 것이지 좋은 투자자산이라고 권하는 게 아님을 먼저 밝힌다.

인버스 ETF는 언제 매입해야 할까?

• • •

인버스 ETF를 매입할 만한 상황은 크게 2가지다.

첫 번째, 포트폴리오를 일부 '헤지(hedge)'하고 싶을 때, 즉 주식시장의 가격 변동에 따른 리스크를 효과적으로 회피하고 싶을 때 활용한다. 일반적인 개인투자자라면 롱 포지션만 구축했을 확률이 높다. 떨어질까 두렵다면 주식을 팔아서 현금으로 보유하면 그만이기 때문이다. 하지만 개인투자자가 가장 어려워하는 부분이 현금을 갖고 가만히 있는 것이다.

시장에서 살아남은 경험 많은 대가들은 간혹 이렇게 말한다. "현금을 종목처럼 받아들여라." 이 말은 현금을 보유하고 있는 것을 아무것도 사지 않은 상태라고 생각하지 말고, 현금이라는 종목을 매수한 상태라고 생각하라는 의미다. 개인투자자는 시장이 어려운 상황에서도 현금을 가만두지 못한다. 가만히 있으면 손해를 보는 것같아 계속 매수 버튼에 손가락을 올려놓는다.

만일 포트폴리오가 롱 포지션으로만 구축되어 있다면, 그리고 증시가 너무 오르기만 했다면 혹은 불확실한 리스크가 해소되지 않고 남아 있다면 인버스 ETF를 통해 매도 포지션을 일부 구축하는 전략을 권한다. 예를 들어 내가 코스피에 투자하고 있는데 팔기엔 더 오를 것 같아 걱정이고, 불확실성도 해소되지 못한 상황이라면 코스피 하락에 베팅하는 인버스 ETF를 일부 매수하는 것이다. 대표적인 코스피 인버스 ETF로는 'KODEX 인버스'가 있다.

우려했던 대로 단기간 내에 지수가 하락하면 인버스 ETF로 수익을 실현함으로써 보유하고 있던 롱 포지션의 손실을 일부 상쇄시킬 수 있다. 이때 유념해야 하는 부분은 절대로 인버스 상품을 장기간 보유하지 말라는 것이다. 특히 S&P500지수의 하락을 추종하는 인버스 ETF의 경우 주의가 필요하다. S&P500의 과거 추이를 보면 몇 차례 위기를 제외하곤 계속해서 강세장이었기 때문이다.

여기서 잠깐!

'KODEX 인버스(삼성자산운용, 09년 상장, 시총 7,524억 원)' 외에도 대표적인 코스피 인버스 ETF로는 'TIGER 인버스(미래에셋자산운용, 10년 상장, 시총 416억 원)' 'ACE 인버스(한국투자신탁운용, 11년 상장, 시총 35억 원)'가 있습니다.

※시총 기준은 2023년 8월

S&P500 인버스 ETF를 장기간 보유할 경우 손실이 막대해질 수 있으므로 단기간 헤지를 위한 수단으로만 활용하기 바란다.

두번째, 특정 원자재의 가격 혹은 환율이 전례 없이 상승할 경우 인버스 ETF가 유효할 수 있다(초보 투자자라면 지양해야 할 다소 위험한 전략임을 밝힌다). 두 번째 상황은 잘못 판단할 경우 꽤 큰 손실을 볼 수 있으니 주의가 필요하다. 예를 들어 원유 하락에 베팅하는 'TIGER 원유선물인버스'에 투자한다고 가정해보자. WTI(서부 텍사스산 원유)의 과거 수년간의 추이를 보면 배럴당 110달러를 넘어선 경우가 거의 없었다.

필자의 경험에 의하면 원자재는 특성상 전고점을 돌파하거나, 전저점을 깨고 내려가는 것이 확률적으로 희박하다. 다시 말해 시장 참여자의 심리적 저항선 혹은 심리적 지지선이 크게 작용한다. 전고점에 이르면 투자자들은 "이 가격이면 다시 꺾일 거야."라고 생각하고, 과거 저점 가격대까지 밀리면 "이 정도면 더 안 빠지고 반등할 거야."라고 생각한다. 주식시장이 심리전이라는 이야기가 여기서 시작된 걸지도 모른다.

물론 2022년 유례없는 에너지 공급난에 의해 WTI가 110달러를 넘어서기도 했다. 이러한 구간에서는 원유 인버스 ETF 매입을 고려해볼 만하다. 하지만 이 역시 장기투자로 이어져선 안 된다. 원유 인버스 ETF를 장기간 보유하면 끊어낼 수 없는 손실의 늪에 빠질

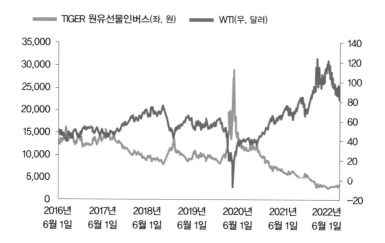

○ TIGER 원유선물인버스 vs. WTI

TIGER 원유선물인버스(좌, 원)　　　WTI(우, 달러)

수 있다.

2020년 코로나19 팬데믹 당시 원유 가격이 크게 하락해 음수(-)
로 들어간 말도 안 되는 상황이 벌어졌다. 당시 원유 인버스 ETF는
높게 치솟았다가 이후 원유 가격이 회복하면서 추락했다. 추세를
보면 아무리 원유가 하락해도 코로나19 당시의 가격을 회복하기
힘들어 보인다. 원자재 가격은 전문가들도 예측하기 어려운 영역이
다. 원자재 자산의 인버스 ETF 투자는 되도록 단기적인 전략으로
만 가져가자.

만일 중단기적으로 포지션을 바꾸면서 수익률을 내는 전략을 고
려한다면 반드시 명심할 부분이 있다.

"시장의 추세를 거스르지 마라."

추세매매의 아버지 제시 리버모어의 조언이다.[5] 추세를 역행하는 포지션을 잡는 건 바보 같은 행동이다. 수익 낼 확률을 반으로 낮추는 행동이기 때문이다. 기본적으로 상승장에서는 상승에 베팅하고, 하락장에서는 하락에 베팅해야 수익을 낼 수 있다. 장세에 맞는 포지션을 잡아야 수익을 낼 확률이 올라간다. 만일 시장의 추세를 확인하는 방법을 모르겠다면 가장 손쉬운 방법은 투자하는 국가의 대표 지수(미국이라면 S&P500, 한국이라면 코스피)의 20일 이동평균선(이하 이평선)을 확인하는 것이다. 20일 이평선이 우상향하는지, 우하향하는지만 확인해도 중기 추세를 파악할 수 있다.

상승장에서는 강세 업종의 롱 포지션을 잡는 것이 유리하다. 하락장에서는 장이 약세 국면에 접어드는 데 가장 주요한 역할을 한 섹터를 찾아 숏 포지션을 잡는 것이 좋다. 예를 들어 2022년 들어 중국 내 대형주들은 경기 침체로 약세에 접어들었다. 코로나19로 소비 부진이 이어지고, 시진핑 주석의 규제 강화로 외부 자금 유입이 막히면서 알리바바, 텐센트, 바이두 등 대형 플랫폼 업체들은 어려운 시기를 맞았다. 중국 증시가 깊은 하락의 골짜기를 만든 배경이다. 상황이 이런데 주가가 많이 빠진 중국 주식이 반등할 것이라 기대하고 롱 포지션을 잡는다면 위기에 빠질 수 있다.

추세적인 하락이 끝날 기미가 보이지 않는다면, 즉 20일 이평선이 여전히 우하향 중이라면 숏 포지션이 롱 포지션보다 승산이 높을 수 있다. 단순히 차트만 보고 추세를 파악하란 뜻이 아니다. 차트만 가지고 매매 여부를 결정하는 건 허술한 투자다. 나름대로 기준을 정한 뒤에 포지션을 구축하기 바란다.

커버드콜 ETF란 무엇인가?

커버드콜 ETF는 투자하는 기초자산으로 커버드콜 전략을 사용해
안정적인 '인컴(현금흐름)'을 발생시키는 상품이다.

안정적인 인컴을 자랑하는 커버드콜 ETF

• • •

'커버드콜 ETF'라는 상품이 최근에 많이 출시되면서 여러 기사에서 언급되고 있다. 실제로 한국에서 미국 주식에 투자하는 이른바 서학개미의 순매수 상위 10위권에 커버드콜 ETF가 올라온 적이 있을 정도다. 자산운용사에서 마케팅에 적극적으로 임하고 있는 상품이라는 뜻이다.

커버드콜 ETF는 투자하는 기초자산으로 커버드콜 전략을 사용해 안정적인 '인컴(현금흐름)'을 발생시키는 상품이다. '커버드콜

(Covered Call)'이란 주식을 매수하면서 동시에 콜옵션을 매도하는 것으로, 파생상품을 활용한 ETF라고 생각하면 이해가 쉽다. 여기서 옵션이란 미래의 특정 시기에 특정 가격으로 팔거나 살 수 있는 권리 자체를 현재 시점에서 매매하는 계약을 뜻한다. 콜옵션은 특정 주식을 살 수 있는 권리를 말하고, 풋옵션은 팔 수 있는 권리를 말한다.

따라서 커버드콜 ETF는 기초자산의 가격이 오르면 그에 따른 시세차익을 얻는 것은 물론, 기초자산의 가격이 떨어지더라도 옵션 매도 프리미엄으로 수익을 올릴 수 있다. 자산의 일부를 기초자산을 사는 데 쓰고, 나머지 일부를 콜옵션을 매도하는 데 쓰기 때문이다. 여기서 콜옵션을 매도한다는 것은 나중에 주가가 크게 올랐을

여기서 잠깐!

코스피200에 커버드콜 전략을 취하는 국내상장 ETF로는 'TIGER 200 커버드콜ATM(미래에셋자산운용, 18년 상장, 시총 182억 원)' 'KBSTAR 200고배당커버드콜ATM(KB자산운용, 18년 상장, 시총 73억 원)' '마이티 200커버드콜ATM레버리지(DB자산운용, 18년 상장, 시총 45억 원)'가 있습니다.

※시총 기준은 2023년 8월

인베스팅닷컴에서 살펴본 2022년 'QQQ(보라색)' 'QYLD(하늘색)' 차트

때 수익을 가져갈 수 있는 권리를 판다는 뜻이다.

대표적인 미국상장 커버드콜 ETF로는 나스닥100에 커버드콜 전략을 취하는 'Global X NASDAQ 100 Covered Call(이하 QYLD)', 그리고 S&P500을 기반으로 하는 'JPMorgan Equity Premium Income(이하 JEPI)'이 있다.

'QYLD'의 2022년 성과를 살펴보면, 해당 ETF는 월 단위로 12번에 걸쳐 배당금을 지급했다. 총 2.19달러를 지급했는데 한 해 평균 주가가 대략 19달러 정도였으니 배당수익률은 무려 11%가 넘는다. 이에 반해 단순 지수추종 ETF인 'QQQ'는 2022년 동안 총 4번의 배당을 지급했으며, 배당수익률은 고작 0.65% 수준에 그쳤다.

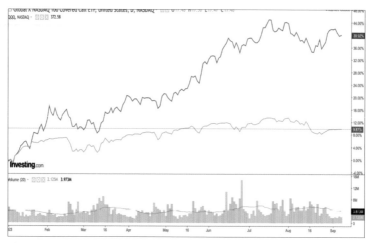

인베스팅닷컴에서 살펴본 2023년 'QQQ(보라색)' 'QYLD(하늘색)' 차트

　나스닥100을 거의 완벽하게 추종하는 'QQQ'와 나스닥100 커버드콜 ETF인 'QYLD'의 주가 추이를 비교해보자. 2022년과 같이 주가가 빠지는 구간에서는 큰 차이가 없어 보인다. 커버드콜 ETF인 'QYLD'의 경우 주가가 하락하긴 했지만 배당금이 매월 지급되었기 때문에 단순 지수추종 ETF인 'QQQ'보다 결과적으로 나은 성과를 보였다.

　그럼 상승장에서는 어땠을까? 2023년 'QQQ'가 39% 상승하는 동안 'QYLD'는 9% 수준에 그쳤다. 8%가 조금 넘는 높은 수준의 배당수익률을 기록했음에도 지수가 상승하는 구간에서는 단순 지수추종 ETF보다 현저히 낮은 성과를 기록했다. 앞서 이야기한 것

○ 커버드콜 전략

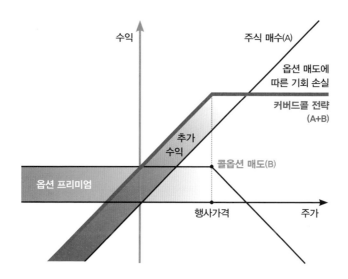

처럼 주가가 크게 오르면 수익을 볼 수 있는 권리를 누군가에게 팔았기 때문에 지수가 오른 만큼 수익률을 가져가지 못한 것이다.

커버드콜 전략은 옵션 매도로 손실을 일부 방어할 수 있다는 장점이 있다. 다만 주가가 크게 상승하는 경우 수익에 한계점이 발생한다. 간단하게 설명하면 수익 방향으로는 천장이 막혀 있고, 손실 방향으로는 바닥이 열려 있다고 말할 수 있다. 개인적으로는 선호하지 않는 수익구조지만 앞서 'QYLD' 사례에서 살펴봤듯이 커버드콜 전략이 가지고 있는 장점도 명확하게 존재한다.

커버드콜 ETF는 주기적으로 배당금을 지급한다. 즉 원활한 현금흐름을 만들어준다는 장점이 있다. 체감상 따박따박 고정이자가 들어오는 기분이 든다. 특히 미국에 상장된 커버드콜 ETF의 경우 옵션 매도를 통해 월 단위로 분배금을 지급해 월세를 받는 느낌도 든다. 따라서 장기간 원활한 현금흐름을 만들고 싶다면, 장기적으로 우상향하는 기초자산에 커버드콜 전략을 취하는 ETF를 선택하면 된다.

자산운용사에서 특정 ETF를 확대하고 홍보하는 이유는 '운용자산 규모(AUM)'를 늘리기 용이하기 때문이다. 시기별로 여러 운용사에서 시장의 트렌드에 맞는 다양한 전략의 ETF를 출시하는 이유다. 이러한 신상 ETF는 초기에 반짝 흥행몰이를 하는 경우도 있고, 관리가 안 되거나 좋은 성과를 내지 못하는 경우도 있다. 신상 ETF 투자를 고려하고 있다면 가급적 상품별 운용구조와 수익구조를 찬찬히 뜯어본 다음에 신중하게 결정할 필요가 있다.

- 미국 주식투자에 있어서 시장수익률을 이긴다는 건 적어도 S&P500보다 높은 수익률을 매년 올려야 한다는 뜻이다. 할 수 있겠는가? 자신이 없다면 'SPY'가 좋은 대안이 될 수 있다.

- 배당투자에 있어서 가장 중요한 부분은 얼마나 오랫동안 높은 배당수익률을 유지해 왔느냐일 것이다. 'SPYD'의 경우에는 1년간 총 4번의 배당금을 지급하고 있다. 매분기 0.25달러 이상의 배당을 지급했고, 코로나19로 인해 배당 재원에 악영향을 받았을 것으로 예상되는 2021년 마지막 분기에만 배당금액이 절반 이상 줄어들었다.

- 시크리컬 산업의 핵심은 수요와 공급의 함수를 파악하는 것이다. 반도체 산업은 특히 전 세계 수요처와 공급처의 물량싸움에 의해 기업들의 주가가 결정된다. 실적이 말하는 숫자만을 보고 투자해선 안 된다.

- 만일 포트폴리오가 롱 포지션으로만 구축되어 있다면, 그리고 증시가 너무 오르기만 했다면 혹은 불확실한 리스크가 해소되지 않고 남아 있다면 인버스 ETF를 통해 매도 포지션을 일부 구축하는 전략을 권한다.

- 커버드콜 ETF는 주기적으로 배당금을 지급한다. 즉 원활한 현금흐름을 만들어준다는 장점이 있다.

위기에 강한 헬스케어 ETF

인플레이션에 강한 MOAT ETF

금리 정점기에 유효한 ETF

서로 간 차이가 큰 액티브 ETF

성과 좋은 ETF를 찾는 방법

환헤지 여부에 따라 달라지는 수익률

Chapter 4

어떤 ETF를
사야 할까? ②

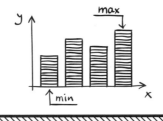

위기에 강한
헬스케어 ETF

생명, 건강과 직결되기 때문에 경기가 어려워져도
이 분야에서만큼은 소비를 일정 수준 이상 줄일 수 없다.

헬스케어 산업은 대표적인 필수소비재에 해당하는 산업이다. 국내 개인투자자에게 헬스케어 섹터를 권하면 고개를 갸웃할지 모른다. 헬스케어라고 하면 국내에서는 통상적으로 바이오 기업을 먼저 떠올리기 때문이다. 헬스케어 산업은 기본적으로 위기에 강하다. 하지만 국내에 상장된 바이오 기업은 색깔이 조금 다르다.

위기라고 하면 기업이 경영활동에 어려움을 느끼는 시기일 것이다. 이를 테면 물가상승률이 너무 높아 이를 잡기 위해 중앙은행이 금리를 많이 올렸다고 가정해보자. 이 구간에서 국내 바이오 업체는 어쩌면 다른 업종보다 더 어려운 상황에 처할지 모른다. 금리가 높아지면 자금 조달에 어려움을 겪기 때문이다. 국내 바이오 업체는 대부분 뚜렷한 실적이 없거나 미진하기 때문에, 경기 침체에 대한 우려가 커지면 주가가 위축되곤 한다. 따라서 이번 챕터에서는 해외 헬스케어 산업, 그중에서도 미국의 사례를 예로 들겠다.

침체기 때 빛나는 헬스케어 산업

• • •

소비재는 크게 필수소비재와 임의소비재로 나뉜다. 이 중 소비자들의 호주머니 사정과 무관하게 수요가 꾸준하고 생활에 필수적으로 필요한 항목을 필수소비재라고 부른다. 한마디로 '진짜 꼭 필요한 소비'가 바로 필수소비재다. 생명, 건강과 직결되기 때문에 경기가 어려워져도 이 분야에서만큼은 소비를 일정 수준 이상 줄일 수 없다. 임의소비재는 반대로 소비자들의 호주머니 사정이 나빠지면 수요가 줄어드는, 즉 구매자의 재정 상태에 따라 소비패턴 변동이 심한 소비재를 말한다. 경기 흐름을 많이 타기 때문에 경기소비재라고 표현하기도 한다.

단순하게 생각하면 형편이 어려워져서 돈을 아끼겠다고 마음먹어도 어쩔 수 없이 써야 할 돈이 있다. 옷은 안 살 수 있어도 아프면 병원에 가야 하고, 여행은 안 갈 수 있어도 필요한 약은 사야 한다. 국내 헬스케어 산업의 주류 기업들은 매출 없이 신약 개발 기대 감만으로 시가총액이 몇천억 원을 호가하지만 미국은 다르다. 미국 헬스케어 산업의 대표주자들은 의료서비스나 의약품 판매 등을 통해 실질적으로 매출을 올리고 있다. 그래서 미국 헬스케어 산업은 추세적으로 시장에 위기가 찾아와도 굳건한 모습을 보인다.

MSCI 글로벌 산업 분류 기준을 보면 헬스케어 산업은 헬스케어 장비 및 서비스, 그리고 제약과 바이오로 나뉜다. 한국은 제약과 바이오에 치중되어 있는 반면, 미국은 헬스케어 장비 및 서비스 쪽도 고루 발전했다. 2022년 기준으로 미국의 1인당 GDP는 약 7만 5천 달러, 인구는 3억 3천만 명에 달한다(한국의 1인당 GDP는 절반 수준인 3만 3천 달러에 불과하다). 이렇듯 소득 수준이 높고 인구가 많다

트레이딩뷰에서 살펴본 'XLV(파란색)' 'VHT(주황색)'의 차트

보니 헬스케어 산업의 규모가 클 수밖에 없다.

대표적으로 잘 알려진 운용 규모가 큰 헬스케어 ETF로는 'Health Care Select Sector SPDR Fund(이하 XLV)' 'Vanguard Health Care Index Fund(이하 VHT)'가 있다. 'XLV'는 S&P500에 상장된 헬스케어 관련 기업에 투자하는 ETF이고, 'VHT'는 MSCI 관련 지수(MSCI USA IMI Health Care)를 바탕으로 대형주에서 소형주까지 광범위하게 포트폴리오에 담아 투자하는 ETF다. 두 ETF는 특정 기간 엎치락뒤치락하는 구간이 있지만 큰 흐름으로는 비슷한 ETF 라고 볼 수 있다.

여기서 잠깐!

'Health Care Select Sector SPDR Fund(스테이트 스트리트, 98년 상장, 시총 40.07B 달러)' 'Vanguard Health Care Index Fund(뱅가드, 04년 상장, 시총 20.13B 달러)' 외에도 대표적인 미국 헬스케어 ETF로는 'iShares U.S. Healthcare(블랙록, 00년 상장, 시총 3.2B 달러)'가 있습니다.

※시총 기준은 2023년 8월

인플레이션에 강한 MOAT ETF

> 가격전가력이 높다는 것은 회사가 제품의 가격을 올리더라도
> 소비자들이 구매할 만한 유인(매력)이 있다는 뜻이다.

필자가 원고를 집필하고 있는 2022년 상반기는 인플레이션이 시장을 하락시키는 주요 원인으로 작용하고 있다. 인플레이션의 역사를 돌이켜보면 10년 정도의 긴 주기를 가지고 반복적으로 시장에 찾아오는데, 가장 결정적인 영향력을 행사하는 것은 미국 연준(Fed)의 통화정책이다. 전 세계에 통용되는 기축통화 달러를 찍어낼 수 있는 미 연준의 가장 중요한 목표는 물가를 안정적으로 관리하는 것이다. 연준이 기준금리를 가파르게 올린다면 그 배경에 인플레이션이 있을 가능성이 높다.

인플레이션이 찾아오면 기업들의 주가가 하락하는 것은 당연한

흐름이다. 원재료, 인건비, 운임료 등이 인상해 비용 부담이 커지면 이를 판매가로 전이시킬 여력이 없는 회사는 이익마진이 줄어들 수밖에 없다. 결국 기업들이 살아남을 수 있는 가장 효과적인 방법 은 비용 상승분을 소비자에게 떠넘기는 것이다. 인플레이션이 나타 날 때마다 '가격전가력'이 뛰어난 기업들에 눈이 가는 이유다.

관건은 가격전가력

● ● ●

가격전가력이 높은 업체는 원가 부담을 판매가 인상으로 해결할 수 있다. 원가가 오르면 판매가도 올려 마진율을 지킨다. 물론 모든 기업이 그렇게 할 수 있는 것은 아니다. 가격전가력이 높다는 것은 회사가 제품의 가격을 올리더라도 소비자들이 구매할 만한 유인 (매력)이 있다는 뜻이다.

'VanEck Morningstar Wide Moat(이하 MOAT)'는 가격전가 력이 높은 기업 중에서 실적 대비 주가가 높지 않은 기업을 선별 해 포트폴리오를 구성한 ETF다. 'MOAT'는 인플레이션 이슈가 부 각된 2022년 상반기(6개월) 동안 BM 대비 +6%나 아웃퍼폼했다. S&P500이 18.36% 하락하는 동안 'MOAT'는 12.26% 하락에 그치 면서 그 효용을 입증했다.

2023년 8월 기준 'MOAT'의 구성을 보면 기술 섹터(21.18%), 헬스케어 섹터(17.41%)의 비중이 높은 편이다. 기술 섹터 기업은 차별화된 기술과 브랜드 경쟁력을 바탕으로 가격전가력이 높고, 헬스케어 섹터 기업 역시 건강과 직결되는 부분이다 보니 가격이 소비를 결정하는 요인이 되기 어렵다.

인플레이션 기간에 빛을 발하는 ETF지만 종목 구성 전략을 보면 장기적으로도 매력이 높은 상품이다. 증시가 활황기일 때는 다른 성장성 높은 기업들 대비 주가 상승이 부진할 수 있지만, 상승세가 한풀 꺾이고 뉴스에 인플레이션에 대한 우려가 보도되면 차츰 진가를 드러낼 것이다. 그때부터 조금씩 비중을 늘리기를 권한다. 다만 액티브 ETF이기 때문에 운용사의 역량이 수익률과 직결될 수 있어 꾸준히 포트폴리오를 관찰할 필요가 있다.

금리 정점기에
유효한 ETF

채권형 ETF에 투자하고자 한다면 채권 가격과
금리의 관계를 먼저 이해할 필요가 있다.

금리 인상이 정점에 이르렀다면 국고채에 투자하는 국채 ETF를 사는 것을 고려해볼 만하다. 변동성이 큰 주식과 달리 채권은 흔히 재미없는 자산, 기대수익률이 낮은 자산으로 인식되는데 금리가 급격하게 움직이는 구간에서는 생각보다 수익률이 높다. 미 연준은 2022년부터 그동안 시장에 푼 유동성을 회수하고 인플레이션을 해소하기 위해 기준금리를 가파르게 인상했다. 미국이 긴축정책을 단행하면서 채권 가격은 크게 급락했고, 채권형 ETF의 수익률 역시 크게 훼손되었다.

채권과 금리의 상관관계

• • •

채권형 ETF에 투자하고자 한다면 채권 가격과 금리의 관계를 먼저 이해할 필요가 있다. 간략하게 기준금리가 오를 때와 내려갈 때로 나눠서 설명하겠다.

먼저 기준금리가 오를 때다. 기준금리가 오르면 안전자산인 예적금의 금리도 오르고, 신규 발행되는 채권의 금리도 높아진다. 그러면 낮은 금리로 발행된 기존의 채권은 아무도 찾지 않게 되면서 가격이 하락한다.

그다음으로 기준금리가 하락할 때다. 기준금리가 하락하면 안전자산인 예적금의 금리도 하락하고, 신규 발행되는 채권의 금리도 낮아진다. 그러면 상대적으로 금리가 높은 기존의 채권을 찾는 수요가 늘어나고 자연스럽게 가격이 상승한다.

기준금리 등락에 따른 가격 변동성은 '장기물〉단기물'과 같다. 만기가 긴 장기물 채권의 가격변동성이 보다 크다는 의미다. 만기가 짧은 단기물 채권의 경우 금리가 급격하게 상승하더라도 만기 이후 재투자할 수 있는 시점이 일찍 돌아올 수 있어 투자자 입장에서는 리스크가 낮다. 반면 만기가 긴 장기물 채권은 만기까지 10년이 남았는데 금리가 급격하게 상승하면 리스크가 커질 수밖에 없다. 따라서 필자가 생각하기에 기준금리 가격의 변곡점 부근에서는 장

트레이딩뷰에서 살펴본 'TLT'와 미국 기준금리(붉은색) 차트

기물 채권의 가격변동성을 활용해 투자하는 장기투자 전략이 좋다고 본다.

20년물 미 국채를 담는 'iShares 20+ Year Treasury Bond(이하 TLT)'로 예를 들어보겠다. 과거 금리가 정점에 이르렀던 2019년을 기점으로 'TLT'의 주가는 급격하게 상승하기 시작했다. 금리가 더 이상 오르기 어렵다는 기대감이 시장에 형성되면서 장기 채권에 대한 선호도가 높아졌기 때문이다. 실질적으로 금리가 인하되기 시작한 시점부터 약 6개월 동안 'TLT'의 주가는 130달러에서 170달러까지 30% 이상의 수익률을 기록했다. 반대로 기준금리가 인상하는 구간에 'TLT'를 보유했다면 손실률은 이루 말할 수 없을 정도로 컸을 것이다.

그렇다. 채권에 투자하는 상품이라고 해서 가격 변동이 적고 안전하다는 생각은 버려야 한다. 만일 금리 인상이 정점에 다다랐다는 신호가 보이면, 즉 금리 인상 기대치가 꺾이기 시작하면 역발상 투자로 장기 채권도 선택지에 놓고 고려해보기 바란다.

여기서 잠깐!

'iShares 20+ Year Treasury Bond(블랙록, 02년 상장, 시총 43.55B 달러)' 외에도 미 장기채를 담는 ETF로는 'Vanguard Extended Duration Treasury Index Fund(블랙록, 07년 상장, 시총 3.03B 달러)' 가 있습니다.

※시총 기준은 2023년 8월

서로 간 차이가 큰
액티브 ETF

> 운용하는 회사의 역량에 따라서, 섹터 내에 수익률 높은 종목을
> 얼마나 담았느냐에 따라서 차이가 확연하게 나타날 수 있다.

인덱스형 ETF는 지수를 추종하기 때문에 서로 간에 차이가 크게 발생하지 않는다. 예를 들어 S&P500지수를 따라가는 ETF라면 운용사는 달라도 수익률은 고만고만하다. 하지만 액티브 ETF라면 사정이 다르다. 콘셉트는 같아도 포트폴리오에 담는 종목이 다를 수 있고 비중도 제각각이다. 그래서 운용하는 회사의 역량에 따라서, 섹터 내에 수익률 높은 종목을 얼마나 담았느냐에 따라서 차이가 확연하게 나타날 수 있다.

예를 들어 2023년 3월은 2차전지의 약진이 돋보이는 달이었다. 관련 섹터가 시장을 주도했고, 특히 에코프로비엠의 경우 연초 대

비 100% 이상 상승하기도 했다. 에코프로비엠뿐만 아니라 섹터 내 다른 소재주의 주가도 크게 상승했다. 그럼 2차전지에 투자하는 액티브형 ETF들의 성과는 어땠을까? 해당 기간 수익률만 놓고 보면 다음과 같다.

TIGER 2차전지테마(미래에셋자산운용): 49%

KODEX 2차전지산업(삼성자산운용): 46%

KBSTAR 2차전지액티브(KB자산운용): 39%

SOL 한국형글로벌전기차&2차전지액티브(신한자산운용): 23%

콘셉트는 같은데 수익률은 확연히 다르다. 2023년 들어 2차전지 섹터 내에서도 종목에 따라 수익률은 큰 편차를 보였다. 예를 들어 에코프로비엠, 에코프로는 두 자리 수 후반대의 수익률을 기록한 반면, 배터리 셀메이커 업체들의 주가는 상대적으로 부진했다. 그래서 2차전지 ETF 중에서도 배터리 셀메이커의 비중이 높은 ETF는 상대적으로 상승률이 낮았다. 물론 ETF를 살 때 이 모든 것을 예측할 수는 없다. 하지만 적어도 해당 ETF가 어떤 종목 위주로 포트폴리오를 꾸렸는지, 운용사가 추구하는 방향은 무엇인지 점검할 필요가 있다.

4개 ETF의 포트폴리오를 살펴보자. 만일 2차전지 섹터에 투자할

○ 2차전지 ETF 보유 자산 비중(2023년 3월 기준)

종목명	TIGER 2차전지테마	KODEX 2차전지산업	KBSTAR 2차전지액티브	SOL 한국형 글로벌전기차& 2차전지액티브
운용사	미래에셋 자산운용	삼성자산운용	KB자산운용	신한자산운용
보유 자산 비중	에코프로비엠(14.8%), 에코프로(10.4%), 포스코케미칼(9.6%), 엘앤에프(9.4%), 삼성SDI(8.6%), LG에너지솔루션(8.4%), SK이노베이션(7.9%), SKC(3.9%), 코스모신소재(3.9%)	에코프로비엠(23.8%), 삼성SDI(17.1%), 포스코케미칼(15.2%), LG에너지솔루션(12.4%), SK이노베이션(12.34%), 엘앤에프(7.7%), SK아이이테크놀로지(1.9%), 코스모신소재(1.6%), SKC(1.5%)	SK이노베이션(9.5%), LG에너지솔루션(8.2%), 삼성SDI(8.2%), 에코프로비엠(7.6%), 엘앤에프(7.4%), 에코프로(6.47%), 고려아연(6%), 포스코케미칼(4.7%), SKC(4.1%)	테슬라(8.5%), 삼성SDI(6%), CATL(5.9%), SKC(4.3%), NVDA(3.8%), 홍하이정밀공업(3.5%), QQQ(3.5%), 앱티브(3.5%), ABB(3.4%), 온 세미콘덕터(3.4%)

요량으로 'SOL 한국형글로벌전기차&2차전지액티브'를 선택했다면 큰 실수다. 포트폴리오를 보면 구성 종목 중 단순히 나스닥100을 추종하는 'QQQ'의 비중이 3% 이상이고, 순수 2차전지 회사라고 하기엔 거리가 먼 기업(앱티브, ABB)도 비중이 꽤 높은 편이다. 즉 이름은 2차전지인데 2차전지에 대한 투자 비중이 상대적으로 낮고 여러 업종이 혼재되어 있다.

만일 ETF로 2차전지 섹터에 투자하고 싶다면 반드시 해당 ETF의 포트폴리오를 분석해 2차전지에 온전히 집중하고 있는지 확인해야 한다. 비교 대상을 두고 충분히 재고 따진 다음 투자를 결정해야 후회가 없다. 투자하고 나서도 주기적으로 관심을 가지고 리밸런싱 동향을 파악해야 한다. 투자해놓고 관심을 끊은 채 올라갈 날만 기다리는 건 투자가 아닌 방치를 하는 것이다. 처음 투자했던 시점에 비해 운용 방향성이 많이 달라졌다면 회수를 고려해야 한다.

밸류체인 검토는 필수

• • •

ETF든 개별 종목이든 신중하게 고려하지 않고 종목을 선택해선 안 된다. 하다못해 집 앞 마트에서 먹거리를 살 때도 성분표를 살펴본다. 인터넷에 해당 제품을 검색해 다른 소비자의 리뷰를 찾아보는 경우도 있다. 단돈 2천 원짜리 먹거리를 살 때는 그런 신중함을 보이면서, 왜 2천만 원을 투자할 때는 신중함을 보이지 않는가?

테마형 ETF에 투자할 때는 해당 ETF가 전체 밸류체인 내에서 특정 구간에만 집중하는 포트폴리오를 추구하는지 추가로 검토해볼 필요가 있다. 2차전지 밸류체인의 처음과 끝을 단계별로 단순화하면 이렇다.

원재료(리튬, 니켈 등) 조달 및 가공 → 배터리 구성 요소(양극재, 음극재, 전해질, 분리막 등) 제조 → 최종 배터리 양산 → 폐배터리 수거 및 재활용

밸류체인을 살펴보면 리튬, 니켈과 같은 원재료를 장비를 통해서 섞고 펴 바르는 형태로 배터리를 양산한 다음, 이렇게 만들어진 배터리를 자동차 업체로 공급하고, 마지막으로 폐배터리를 금속물질로 되돌리는 재활용 작업을 거친다. 이렇게 머릿속에 산업 전체의 그림을 그려야 한다.

각 단계별로 사업을 영위하는 회사가 다르고, 각 회사별로 잘하는 분야가 다를 수 있다. 물론 이 모든 것을 공부하고 확인할 수는 없다. 그러한 시간과 노력을 아끼기 위해 ETF에 투자하는 것이 아닌가? 그런 복잡한 일은 액티브 ETF를 운용하는 운용사에 맡기면 된다. 다만 액티브 ETF의 경우 포트폴리오에 따라 수익률의 격차가 크게 벌어질 수 있기 때문에 이러한 부분만큼은 반드시 확인해야 한다.

같은 운용사에서 운용하는 비슷한 콘셉트의 액티브 ETF일지라도 포트폴리오에 따라 방향성은 확연히 달라진다. 미래에셋자산운용에서 운용하는 'TIGER KRX2차전지K-뉴딜' 'TIGER 2차전지테마' 'TIGER 글로벌리튬&2차전지SOLACTIVE'를 비교해보

○ 2차전지 밸류체인에 따른 ETF 구별법(2023년 4월 기준)

	광산, 제련	소재	셀 제조
TIGER KRX2차전지 K-뉴딜	0%	42%	57%
TIGER 2차전지테마	0%	65%	28%
TIGER 글로벌리튬&2차전지 SOLACTIVE	33%	6%	29%

* 장비, 부품, 완성차 비중 제외
자료: 미래에셋자산운용

자. 'TIGER KRX2차전지K-뉴딜'은 배터리 제조업체 비중이 높고, 'TIGER 2차전지테마'는 2차전지 소재 관련 기업의 비중이 높고, 'TIGER 글로벌리튬&2차전지SOLACTIVE'는 광산, 제련 관련 기업의 비중이 높다.

배터리 양산 공정에서 마지막 단계인 셀메이커 업체에만 집중적으로 투자할 계획이라면, 소재 관련 기업에 투자하지 않는 ETF를 매수하면 된다. ETF를 사놓고 그냥 기다리는 것이 아니라 분기별로 어떻게 리밸런싱되는지를 잘 지켜보고, 크게 변동된 내역이 있다면 직접 분석해야 한다는 뜻이다.

'이 정도로 공부할 거면 ETF보다 개별 종목에 투자하는 게 낫지 않을까?' 하는 생각이 들지 모른다. 실제로 주변에서 이런 질문을 많이 받는 편이다. 과연 그럴까? 국내 상장사 중 전기차 밸류체인 내에 있는 기업은 최소 30개 이상이다. 이러한 기업 중에서 핵심 역량이 있는 회사를 찾아내 한 종목에만 투자하면, 시장이 전체적으로 호황을 맞아도 BM만큼 수익률을 따라가지 못하는 리스크가 생길 수 있다.

종목을 고르는 눈이 있고 매매 기술이 있다면야 문제없겠지만 그렇지 않다면 ETF가 최선이라 생각한다. 유망하고 덩치 작은 기업에 집중 투자해서 대박을 터트리겠다는 생각보다는, 밸류체인 내에서 최종 포식자(2차전지의 경우 LG에너지솔루션, 에코프로비엠 등)에 골고루 투자하는 편이 안전하다. 한 종목에 집중하면 높은 수익률을 기대할 수 있지만 그만큼 개별 회사의 악재로 인한 리스크는 온전히 내 계좌가 짊어져야 한다.

같은 섹터라고 해서 주가의 흐름이 항상 동일한 것은 아니다. 때때로 주가는 같은 섹터 내에서도 종목군에 따라 돌아가면서 움직인다. 예를 들어 2차전지 섹터 안에서도 첫째 주에는 양극재 기업의 주가 상승이 두드러지고, 둘째 주에는 배터리 수명이나 밀도를 올려줄 수 있는 음극재나 첨가물 관련 기업의 주가가 오르고, 셋째 주에는 장비주 중심으로 움직일 수 있다. 이런 흐름이 나타나는 원리를 간단하게 설명하면 주요 투자자(기관과 외인)의 심리가 시장에 반영되기 때문이다.

개별 기업의 주가는 결코 상승만 할 수는 없다. 쉬지 않고 오르면 하락할지 모른다는 불안감도 함께 커지고, 또 어느 정도 오르면 차익을 실현하는 투자자도 나오기 마련이다. 특정 종목군에서 차익을 실현해 일부 현금화한 다음에는, 높은 확률로 다른 특정 주식을 매입하기 마련이다(차익 실현한 물량을 전부 현금으로만 보유하는 경우는 극히 드물다). 특히 기관과 외인은 보통 전체 포트폴리오에서 어느 정도 비중으로 현금을 보유할지 사전에 결정하기 때문에, 특별히 금융시장이 불안하지 않다면 현금 보유량을 늘리지 않는다.

이러한 이유로 크게는 섹터 간에도 편차가 벌어진다. 예를 들어 반도체를 팔면 2차전지를 사고, 2차전지를 팔면 반도체를 사는 흐름이 대표적이다. 기관과 외인의 자금은 한정적이기 때문에 동시에 모든 영역을 다 살 수는 없다. 특정 분야를 매도한 만큼, 즉 비중을 줄인 만큼 다른 분야를 매수하는 것이다. 이러한 원리를 이해했다면 어느 한 종목에 집중하는 것보단, 골고루 투자하는 편이 낫다는 생각이 들 것이다. 전략적으로 어디에나 발을 걸쳐두는 것이 괜찮을 수 있다.

섹터 내 1개 종목만 특정해 베팅하지 않는다.

필자가 오랜 시간 현장에서 일하며 깨우친 원칙이다. 섹터 내 다른 종목들은 주가가 오르는데 내가 선택한 종목만 주가가 오르지 않는다면 어떤 기분이 들까? 상대적 박탈감에 휩싸이게 된다. 섹터 내 어느 기업이 오르든 내 계좌에 조금은 수익이 날 수 있는 구조를 짜두기 바란다.

반도체도 마찬가지다. 밸류체인에 따라 분류하면 공정별로 경쟁력 있는 기업만 수십여 개에 달한다. 상장사 중에서 선택해서 투자하라고 한다면 후보군만 수백 곳은 될 것이다. 전문 지식이 떨어지는 개인투자자 입장에서는 도대체 뭘 사야 할지 감이 안 올 수밖에 없다.

은행에서 판매하는 금융상품이라면 당연히 금리가 가장 높은 상품이 으뜸일 것이다. 고민할 필요 없이 이자가 높은 상품을 고르면 된다. 하지만 주식은 다르다. 전문가가 아니라면 개별 종목을 선택해 꾸준히 수익을 내기란 쉽지 않다.

1개 종목에 소위 '몰빵'을 해서 50%를 먹겠다는 전략보다는, 안정적으로 여러 종목에 투자해서 10% 수준의 이익을 내는 전략이 더 유효하다. 물론 50% 수익을 낼 수 있다면야 바랄 것이 없겠지만 반대로 얼마든지 -50%가 될 수 있다.

개별 기업의 비즈니스 모델, 경쟁사 현황, 글로벌 수주 현황 등을 매일 꼼꼼히 확인할 능력과 여건이 안 된다면 '몰빵'은 더더욱 피해야 한다. 섹터 내 여러 밸류체인에 골고루 투자하는 ETF를 선택하는 것이 바람직한 이유다.

성과 좋은 ETF를 찾는 방법

같은 전략을 가진 여러 ETF를 놓고 BM 대비 얼마나 성과가 좋은지 비교해볼 필요가 있다.

BM 대비 성과 비교하기

• • •

같은 전략을 가진 여러 ETF를 놓고 고민이 많을 것이다. 옥석을 가리는 방법은 간단하다. BM 대비 얼마나 성과가 좋은지 비교해보는 것이다. 특히 지수추종형 ETF의 경우 상품에 따라 연간 2~3%, 기간이 길어지면 크게는 20~30%까지도 차이가 날 수 있어 주의가 필요하다.

지수추종형 ETF는 추종하는 BM에 따라 운용 방식에 차이를 보인다. 예를 들어 인도네시아 증시를 추종하는 ETF를 매입할 계획이라 가정해보자. 미국에 상장되어 있는 'iShares MSCI Indonesia(이하 EIDO)'와 국내에 상당되어 있는 'ACE 인도네시아 MSCI' 중 어떤 ETF가 나은 선택지일까?

두 ETF는 이름만 보면 인도네시아 증시를 추종하는 상품이기 때문에 큰 차이가 없을 것처럼 느껴진다. 하지만 수익률을 비교해보면 차트와 같이 꽤 차이가 난다. 그 이유는 무엇일까? 이유를 알기 위해선 BM과 상품구조를 뜯어볼 필요가 있다.

먼저 'EIDO'는 'MSCI Indonesia IMI 25/50'를 추종하고, 'ACE 인도네시아MSCI'는 'MSCI Indonesia'를 추종한다. 전자는 구성 종목이 70개이고, 후자는 구성 종목이 22개에 불과하다. 다시 말해 인도네시아 국가에 투자하는 것은 똑같지만 포트폴리오가 다르고, 이에 따라 수익률 차이가 크게 발생할 수 있는 것이다.

상품구조에서도 차이가 크다. 'EIDO'의 경우 아주 단순하게 인도네시아에 상장되어 있는 주식을 매입함으로써 BM의 수익률을 따라가는 구조다. 반면 한국투자신탁운용의 'ACE 인도네시아 MSCI'는 포트폴리오에 주식을 담는 구조가 아니라 스왑 거래를 통해 지수의 수익률을 받아오도록 설계되어 있다. 이런 내용은 해당 ETF를 운용하는 운용사 사이트에서 제공하는 투자설명서를 통해 확인할 수 있다.

인베스팅닷컴에서 살펴본 'EIDO(보라색)'와 'ACE 인도네시아MSCI(파란색)' 차트

이 투자신탁은 MSCI가 산출·발표하는 MSCI 인도네이사지수의 변화에 연동하여 운용하는 것을 목표로 이 투자신탁 수익증권 1좌당 순자산가치의 변동률을 지수의 변동률과 유사하도록 투자신탁재산을 운용함을 그 목적으로 합니다. 이를 위하여 추적대상지수인 MSCI 인도네시아지수를 기초자산으로 하여 수익이 결정되는 장외파생상품(Swap)에 주로 투자합니다.

투자설명서 내용 일부를 발췌한 것이다. BM을 추종하기 위해 스왑을 통해 수익률을 가져온다는 내용이다.

문제는 BM 대비 수익률이다. 연평균 수익률 그래프를 보면 'ACE 인도네시아MSCI'는 매 기간 비교지수(BM) 대비 연평균 수익률이

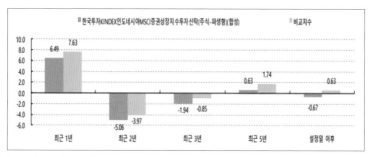

'ACE 인도네시아MSCI' 투자설명서에 기재된 연평균 수익률 그래프

1~2% 뒤처지고 있다. 이유는 바로 스왑계약에 따른 비용이다. 장
외파생상품으로 계약 시 비용이 발생하기 때문에 BM을 완전히 따
라가지 못하는 것이다. 사실 해당 ETF뿐만 아니라 합성형 ETF라
면 대부분 가지고 있는 이슈에 해당한다. ETF에 투자할 계획이라
면 반드시 투자설명서를 읽어보고 투자해야 한다.

환헤지 여부에 따라
달라지는 수익률

본인 판단에 따라 헤지가 필요한 시기라고 생각된다면
환헤지 상품을 찾는 것이 좋다.

환차손과 환차익도 고려해야

• • •

환헤지가 있는 ETF는 상품명에 '(H)'가 붙는다. 환헤지 ETF는
자체적으로 환변동 위험을 제거한다는 장점이 있다. 환율 변동과
무관하게 온전히 BM에만 집중하고 싶다면 환헤지 ETF를 구매하
면 된다. 다만 환헤지라고 해서 모든 환율 변동 위험을 제거하는 것
은 아니다. 운용사의 실력이 아무리 뛰어나도 세밀하게 매일 변화
하는 환율에 맞춰 미세하게 운용하기란 불가능에 가깝다. 또 환율
변동 위험을 제거하는 과정에서 수수료가 발생하다 보니 '환오픈

(UH)' ETF에 비해 운용보수가 높을 수밖에 없다.

해외투자의 경우 기본은 환헤지를 하지 않는 것이고, 본인 판단에 따라 헤지가 필요한 시기라고 생각된다면 환헤지 상품을 찾는 것이 좋다.

예를 들어 달러자산에 투자하는 ETF를 산다고 가정해보자. 해외투자를 하는 이유는 기본적으로 해당 국가의 자산을 보유해 자산을 증식시키는 데 있다. 그런데 헤지를 하면 달러의 가치가 높아져도 이를 ETF에 반영하지 못한다. 따라서 가급적 헤지는 고려하지 않는 게 좋다.

다만 원화가 달러 대비 저평가되어 있다면 헤지를 고려하는 것도 나쁘지 않다. 원달러가 1,400원인 시점에 달러자산 ETF를 매입했는데 1년 후 원달러가 1,100원까지 움직인다면, 주가가 20% 올랐다 해도 환율이 20% 이상 빠졌으니 수익은 마이너스다. 그런 우려가 있다면 환헤지 상품을 매입하는 것이 좋다.

일례로 2023년 7월 10~14일 원달러 환율이 1306.5원에서 1265.8원으로 한 주 만에 -3.12% 급락하자 환헤지형 ETF인 'KBSTAR 미국S&P500(H)'은 2.83% 수익률을 기록한 반면, 환율에 노출된 'KBSTAR 미국S&P500'은 환손실 여파로 -0.24% 수익률을 나타냈다.

다시 한번 강조하지만 해외투자의 기본은 환헤지를 하지 않는 것이다. 원달러 환율이 급락하는 구간에서는 환헤지 ETF가 유효할 수 있지만, 환오픈 ETF에 비해 수수료가 높고 또 반대로 환율이 상승하는 구간에서는 손해를 볼 수 있기 때문이다. 환율 변동은 결국 장기간 평균에 수렴한다. 이를 보완하는 방법으로는 주기적으로 일정 금액을 적립식으로 투자하는 방법이 있다. 예를 들어 원달러 환율이 1,400원일 때 투입한 자산이 있고 추가로 1,300원, 1,200원일 때 투입한 자산이 있다면 환변동에 대한 영향은 어느 정도 줄어드는 셈이다. 단기적인 환율의 향방은 전문가도 쉽게 예측할 수 없는 부분이다. 장기투자를 고려한다면 운용보수가 낮은 환노출 ETF가 유리할 것이다.

- 미국 헬스케어 산업은 추세적으로 시장에 위기가 찾아와도 굳건한 모습을 보인다. 대표적으로 잘 알려진 운용 규모가 큰 헬스케어 ETF로는 'XLV' 'VHT'가 있다.

- 가격전가력이 높은 업체는 원가 부담을 판매가 인상으로 해결할 수 있다. 'MOAT'는 가격전가력이 높은 기업 중에서 실적 대비 주가가 높지 않은 기업을 선별해 포트폴리오를 구성한 ETF다.

- 금리 인상이 정점에 이르렀다면 국고채에 투자하는 국채 ETF를 사는 것을 고려해볼 만하다.

- 인덱스형 ETF는 지수를 추종하기 때문에 서로 간에 차이가 크게 발생하지 않는다. 하지만 액티브 ETF라면 사정이 다르다. 비슷한 콘셉트의 액티브 ETF일지라도 포트폴리오에 따라 방향성은 확연히 달라진다.

- 옥석을 가리는 방법은 간단하다. BM 대비 얼마나 성과가 좋은지 비교해보는 것이다.

- 환헤지 ETF는 자체적으로 환변동 위험을 제거한다는 장점이 있다. 환율 변동과 무관하게 온전히 BM에만 집중하고 싶다면 환헤지 ETF를 구매하면 된다.

투자성향에 따라 달라지는 포트폴리오

모의투자로 수익률 계산하기

레버리지 ETF의 숨겨진 가면

수익률을 높이는 보조지표: 볼린저밴드

수익률을 높이는 보조지표: RSI

수익률을 높이는 보조지표: MACD

Chapter 5

수익을 높이는
ETF 매매 전략 ①

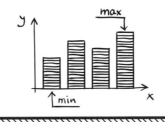

투자성향에 따라
달라지는 포트폴리오

먼저 자신의 성향이 단기투자에 잘 맞는지,
장기투자에 잘 맞는지 확인해볼 필요가 있다.

투자를 하기 전에 먼저 자신이 어떤 투자를 하고자 하는지 알아야 한다. ETF도 개별 주식 매매와 마찬가지로 본인이 스스로 매수 시점과 매도 시점을 결정해야 하기 때문이다. 특히 테마형 ETF에 투자해서 단기 시세차익을 노린다면 매수·매도 타이밍만큼 중요한 것은 없다. 사실 그게 전부라고 해도 과언이 아니다.

투자 전략에는 여러 가지가 있지만 먼저 자신의 성향이 단기투자에 잘 맞는지, 장기투자에 잘 맞는지 확인해볼 필요가 있다. 투자성향에 따라 포트폴리오 내에서 지수추종 ETF와 테마형 ETF의 비중은 달라질 것이다.

지피지기면 백전백승

• • •

첫 번째는 장기투자 전략이다. 만일 장기투자가 본인의 성향에 맞다면 다음의 몇 가지 물음에 망설임 없이 '네'라는 대답이 돌아올 것이다.

1. 적립식으로 매달 꾸준히 ETF를 매입할 여력이 되는가?
2. 투자 후 계좌를 자주 들여다보지 않을 자신이 있는가?
3. 목표수익률이 적어도 시중금리의 2배 수준 정도인가?
4. 엄청나진 않지만 안정적으로 꾸준한 수익률을 원하는가?

질문에 모두 '네'라고 대답했다면 장기투자가 본인의 성향과 잘 맞을 가능성이 높다.

장기투자할 생각이라면 매수 타이밍을 너무 예민하게 신경 쓸 필요는 없다(너무 신경 쓰면 오히려 좋은 성과를 올리지 못할 것이다). 매수는 적립식으로 매달 월급의 일부를 정해진 날에 매입하는 것을 원칙으로 삼고 꾸준히 지키도록 노력해야 한다. 결국 나 자신과의 싸움이다. 1년 동안 그렇게 꾸준히 매입했다면 연말에는 계좌가 불어나 있을 가능성이 높다.

두 번째는 단기투자 전략이다. 만일 단기투자가 본인의 성향에 맞다면 마찬가지로 다음의 질문에 망설임 없이 '네'라는 대답이 나올 것이다.

1. 매입하면 궁금해서 빈번하게 계좌를 들여다보는가?
2. ETF를 매입할 여유 투자금이 최소 500만 원 이상인가?
3. 단기간 높은 수익률을 기대하는가?
4. 큰 손실을 볼 수 있어도 높은 수익률을 위해 감내할 수 있는가?

질문에 모두 '네'라고 대답했다면 단기투자가 본인의 성향과 잘 맞을 가능성이 높다.

단기투자할 생각이라면 매수·매도 타이밍이 상당히 중요하다. 그래서 여러모로 들여다봐야 하는 것이 많다. 예를 들어 단기채권에 투자하는 ETF를 매입한다고 가정해보자. 금리가 오르면 채권의 가격은 떨어진다. 만일 금리가 올라가는 구간에서 단기채권 ETF를 매입한다면 손실을 입을 수 있다. 수익을 올리고 싶다면 금리가 더 이상 오르지 않고 정체되는 시점에 단기채권 ETF를 사야 한다. 금리가 정점을 찍고 하락하면 채권 가격은 횡보하거나 상승할 것이기 때문에 단기간에 수익을 확보할 수 있다.

단기투자 전략을 세웠다면 투자원금도 중요하다. 투자금의 규모가 작으면 안 된다. 경험상 단기투자는 장기투자에 비해 시간과 노

여기서 잠깐!

국내상장 단기채권 ETF로는 'KODEX 단기채권PLUS(삼성자산운용, 15년 상장, 시총 1조 3,376억 원)' 'TIGER 단기통안채(미래에셋자산운용, 12년 상장, 시총 8,924억 원)' 'KBSTAR 단기통안채(KB자산운용, 14년 상장, 시총 4,901억 원)'가 있습니다.

※시총 기준은 2023년 8월

력이 많이 든다. 매일 여러 지표를 들여다보고 계좌를 살펴야 하기 때문에 소액으로 투자하면 가성비가 좋지 않다. 10만 원으로 10% 수익률을 올려도 수익금은 1만 원에 불과하다. 시간과 노력, 걱정으로 인한 스트레스를 생각하면 굉장히 적은 금액이다. 그래서 한 번에 적어도 500만 원 이상 매입할 여력이 있을 때 단기투자를 시도하는 것이 좋다.

실제로 현장에서 사용하는 투자성향 설문조사를 통해 보다 정확한 결과를 확인해보는 방법도 있다. 금융상품에 가입할 때 은행과 증권사에서 활용하는 체크리스트를 이용하는 방법이다. 형식적이지만 신중한 투자를 하는 데 도움이 될 수 있다.

○ 투자성향 자가진단 테스트

1. 당신의 연령대는 어떻게 됩니까?

① 19세 이하(4점)
② 20~40세(4점)
③ 41~50세(3점)
④ 51~60세(2점)
⑤ 61세 이상(1점)

2. 투자하고자 하는 자금의 투자 가능 기간은 얼마나 됩니까?

① 6개월 이내(1점)
② 6개월 이상~1년 이내(2점)
③ 1년 이상~2년 이내(3점)
④ 2년 이상~3년 이내(4점)
⑤ 3년 이상(5점)

3. 다음 중 투자 경험과 가장 가까운 것은 어느 것입니까?
(중복 응답 가능)

① 은행 예적금, 국고채, 지방채, 보증채, MMF, CMA 등(1점)
② 금융채, 신용도 높은 회사채, 원금보장형 ELS, 채권형 펀드 등(2점)
③ 신용도 중간 등급 회사채, 원금 일부 보장되는 ELS, 혼합형 펀드 등(3점)
④ 신용도 낮은 회사채, 주식, 원금 보장되지 않는 ELS, 시장수익률 수준의 수익을 추구하는 주식형 펀드 등(3점)
⑤ ELW, 선물옵션, 시장수익률 이상의 수익을 추구하는 주식형 펀드, 파생상품 펀드, 주식 신용거래 등(5점)

4. 금융상품 투자에 대한 본인의 지식 수준이 어느 정도라고 생각하십니까?

① 매우 낮은 수준: 투자 의사결정을 스스로 내려본 경험이 없는 정도(1점)
② 낮은 수준: 주식과 채권의 차이를 구별할 수 있는 정도(3점)
③ 높은 수준: 투자할 수 있는 대부분의 금융상품 차이를 구별할 수 있는 정도(3점)
④ 매우 높은 수준: 금융상품을 비롯해 모든 투자 대상의 차이를 이해할 수 있는 정도(4점)

5. 투자하고자 하는 자금은 전체 금융자산 중 어느 정도 비중을 차지합니까?

① 10% 이하(5점)
② 10% 초과~20% 이하(4점)
③ 20% 초과~30% 이하(3점)
④ 30% 초과~40% 이하(2점)
⑤ 40% 초과(1점)

6. 다음 중 수입원을 가장 잘 나타내는 것은 어느 것입니까?

① 현재 일정한 수입이 있고, 향후 현재 수준을 유지하거나 증가할 것으로 예상(3점)
② 현재 일정한 수입이 있지만, 향후 감소하거나 불안정할 것으로 예상(2점)
③ 현재 일정한 수입이 없고, 연금이 주 수입원임(1점)

7. 투자원금에 손실이 발생할 경우 감내 가능한 손실은 어느 정도입니까?

① 무슨 일이 있어도 투자 원금은 보전되어야 함(-2점)
② 투자 원금에서 최소한의 손실만을 감수할 수 있음(2점)
③ 투자 원금 중 일부 손실 감수 가능(4점)
④ 기대수익이 높다면 위험이 높아도 상관없음(6점)

※ 총점을 32로 나누고 100을 곱한 값이 최종 점수
20점 이하 안정형, 20점 초과~40점 이하 안정추구형,
40점 초과~60점 이하 위험중립형, 60점 초과~80점 이하 적극투자형,
80점 초과 공격투자형

모의투자로
수익률 계산하기

원하는 조건을 입력하면 해당 기간 각 포트폴리오가
어떤 성과를 보였는지 한눈에 보기 좋게 시각화해준다.

백테스팅을 지원하는 '포트폴리오 비주얼라이저'

• • •

필자가 유용하게 사용하는 백테스팅(과거의 데이터를 기반으로
내 포트폴리오로 투자할 경우 수익률이 어떻게 되는지 확인하는 것)
사이트가 있다. '포트폴리오 비주얼라이저'라는 사이트(www.
portfoliovisualizer.com)인데, 해당 사이트를 통해 투자하는 조건
(시작 자본, 매월 납입 조건, 투자 기간 등)에 따라서 투자 시점 대비
얼마나 수익이 났는지를 무료로 비교할 수 있다.

원하는 조건을 입력하면 각 포트폴리오가 해당 기간 어떤 성과를

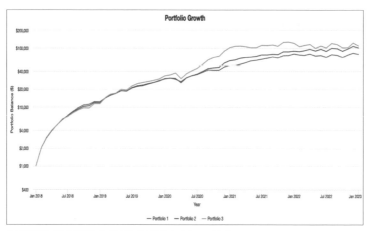

'포트폴리오 비주얼라이저'에서 백테스팅한 3가지 포트폴리오

보였는지 한눈에 보기 좋게 시각화해준다. 수익률, 최대 낙폭(MDD; Max Draw Down) 등을 간단히 확인할 수 있다. 본인이 ETF를 살 계획인데 ETF별로 어느 정도 비중으로 투자할지 결정하지 못했다면 해당 사이트를 활용하기 바란다. 백테스팅을 통해 수익률을 검토하면 의사결정에 큰 도움이 될 것이다.

가령 다음의 조건으로 투자를 한다고 가정해보자. 2018년 초부터 2022년 말까지 매월 1천 달러를 투자하고, 중간 분배 없이 현금흐름이 발생하면 모두 재투자하고, 리밸런싱은 분기마다 진행하는 방식으로 3가지 포트폴리오를 구성했다. 첫 번째 포트폴리오는 S&P500을 추종하는 'SPY'에만 100% 투자하고, 두 번째 포트폴리오는 'SPY' 'TAN' 'SOXX' 'XLE' 'XLP'에 20% 비중으로 고르게 투자하고, 세 번째 포트폴리오는 테마형 ETF인 'TAN' 'SOXX'만 50%씩 담았다.

설정 기간 수익률은 세 번째, 두 번째, 첫 번째 포트폴리오 순서로 높았다. 투자를 시작한 시점부터 1~2년간은 큰 차이를 보이지 않았지만 3년 차에 들어서면서부터 평가금액은 현저하게 차이를 보였다.

해당 그래프를 보여주는 이유는 특정 시기, 변수에 따라 수익률이 좋아질 수 있음을 보여주기 위함이 아니다. 포트폴리오를 어떻게 구성하느냐에 따라 수익률이 달라질 수 있고, 투자하는 기간 해당 산업에 익스포저(특정 기업과 연관된 금액이 어느 정도인가를 말하는 것)가 전혀 없으면 수익률이 뒤처질 수 있다는 것을 보여주기 위함이다.

백테스팅을 통해 확인할 수 있는 또 다른 유용한 정보는 'MDD'다. 이 지표는 내가 구성하는 포트폴리오가 과거 특정 기간 동안 하락장에서 얼마나 큰 낙폭을 기록했는지 보여준다. 앞서 언급한 3개 포트폴리오의 경우 당연히 가장 수익률이 좋았던 세 번째 포트폴리오가 'MDD'도 클 것이라 생각할 수 있다. 하지만 해당 포트폴리오만 놓고 보면 수익률과 'MDD'는 크게 유의미한 상관관계를 보이지 않았다.

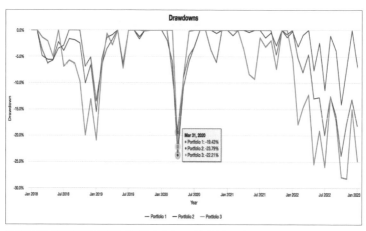

'포트폴리오 비주얼라이저'에서 확인한 3가지 포트폴리오 'MDD'

일반적으로 수익률이 높으면 하락장에서도 변동성이 더 클 것이라 생각하기 마련이다. 3개 포트폴리오의 MDD를 보면 2020년 코로나19 위기 당시 하락률은 −19%에서 −23%로 비슷한 수준이었다. 반면 3개 포트폴리오가 전부 부진했던 2019년에는 포트폴리오별로 −5% 수준까지 하락률 차이가 벌어졌다. 해석해보면 전 종목군이 하락하는 위기 상황에서는 포트폴리오와 무관하게 전부 하락하는 반면, 증시 하락의 주요 원인이 따로 있을 경우에는 특정 테마형 ETF가 더 약세를 보이기도 했다. 하락이 길어졌던 2022년에는 백테스팅에서 수익률이 가장 낮았던 첫 번째 포트폴리오가 다른 포트폴리오 대비 10% 이상 하락 방어를 잘했다.

핵심은 적립식 투자

• • •

재미있는 점은 이렇듯 고점 대비 낙폭이 크게 발생한 시기가 4년 동안 크게 3번이나 있었음에도 불구하고 3개 포트폴리오 모두 수익률은 최종적으로 플러스였다. 수익률 수준은 다르지만 셋 다 투자원금 대비 비교적 높은 수익률을 달성했다.

4년 동안 매달 1천 달러씩 투자한 결과 첫 번째 포트폴리오는 약 7만 8천 달러, 두 번째 포트폴리오는 약 10만 1천 달러, 세 번째 포트폴리오는 약 11만 달러에 이르렀다. 셋 다 투자원금(4만 8천 달러) 대비 우수한 성과를 기록한 것이다. 해당 기간 성과만 놓고 비교하면 단순히 S&P500을 추종하는 'SPY'만 편입한 구성보다는 다양한 섹터의 ETF로 포트폴리오를 구성한 것이 유리했다.

필자가 생각하기에 핵심은 적립식 투자에 있다고 본다. 매달 납입하는 것이 부담스럽다면 분기마다 납입하는 것도 좋다. 처음에 목돈을 들여 매수하고 아무것도 안 하고 기다리는 것보다는, 소액일지라도 장기적인 관점에서 최소 1~2년 이상 꾸준히 추가 납입하는 것이 유리하다고 생각한다.

1990년대 초 미국 펀드에서 ETF가 차지하는 비중은 2%에 불과했지만 현재는 50% 수준에 달하고 있다.[6] 기관, 개인 가릴 것 없이 ETF를 담아놓고 있는 셈이다. 월가에서 ETF를 '투자 혁명'이라고 부르는 배경이다. 적은 비용으로 시장 전체를 추종하기 위해 개인 투자자들은 'SPY'를 꾸준히 사들였고, 코로나19가 퍼졌던 2020년에도 'SPY'의 하루 거래량은 1천억 달러를 상회했다.

꾸준히 'SPY'에 적립식 투자를 실천한 결과는 어땠을까? 알다시피 코로나19 위기 이후 'SPY'는 높은 수익률로 보답했다. ETF가 공모펀드의 대안으로 떠오른 만큼, 장기간 꾸준히 적립식 투자를 실천한다면 시황과 무관하게 유의미한 결과를 창출할 것이다.

"그럼 거치식 투자는 지양해야 하나요?" 이런 궁금증이 생길지 모른다. 장기적으로 주가가 상승할 것으로 판단된다면, 즉 매수 타이밍을 잘 잡을 자신이 있다면 거치식 투자도 나쁘지 않다. 다만 거치식 투자의 경우 매수 타이밍에 따라 수익률이 극명히 갈릴 수 있어 주의가 필요하다.

예를 들어 주당 10만 원에 어떤 ETF를 샀다고 가정해보자. 가격이 급락해 주당 5만 원이 되었다면 50% 하락한 것이다. 이때 보통 50% 하락했으니 다시 50% 오르면 본전이라고 착각하지만 그렇지 않다. 내릴 때는 50% 하락했지만 그 뒤에는 100% 상승해야 본전까지 갈 수 있다. 그도 그럴 것이 10만 원에서 50% 하락하면 5만 원이지만, 5만 원에서 50% 상승하면 7만 5천 원이기 때문이다.

적립식 투자를 권하는 이유는 하락장이 찾아와도 '코스트 애버리징(Cost Averaging)' 효과를 기대할 수 있기 때문이다. 즉 적립식 투자로 평균 매입단가를 낮출 수 있어 하락장이 오히려 기회가 될 수 있다. 물론 항상 적립식 투자가 유리한 것은 아니다. 2008년 글로벌 금융위기, 2018년 미·중 무역 갈등 및 금리 인상, 2020년 코로나19 이후 시장이 저점을 찍고 상승세에 접어든 시기에는 적립식 투자의 수익률이 상대적으로 뒤처질 수 있다. 증시가 오르는 시기에는 평균 매입단가 역시 계속 올라가기 때문이다.

정리하면 주가 상승에 대한 확신이 있을 경우 거치식 투자를 통해 수익을 높이는 것이 효율적이다(이 경우 목표수익률을 정하고 정기적으로 안전자산으로 수익을 이전해 하락에 대비할 필요가 있다). 반대로 변동성이 크고 시장이 불안한 상황에서 긴 시간을 두고 꾸준히 장기투자할 수 있다면 적립식 투자가 효율적이다.

레버리지 ETF의
숨겨진 가면

레버리지 ETF는 특정 구간에서만 유리한 수익구조를 가지고 있다.
기초지수가 연이어 상승하는 구간에서만 유리하다.

많은 투자자가 시장이 요동칠 때면 레버리지 ETF를 찾는다. 국내 시장의 상황만 놓고 보면 암호화폐 선호도 확산으로 비교적 변동성이 낮은 ETF에 대한 선호도가 낮아진 것은 아닌가 하는 의심이 든다. 실제로 2022년 11월 기준 국내 투자자가 가장 많이 보유한 미국 주식으로 'ProShares UltraPro QQQ(이하 TQQQ)'와 'Direxion Daily Semiconductor Bull 3X Shares(이하 SOXL)'가 각각 4위, 8위로 꼽혔다.[7] 'TQQQ'는 나스닥100지수 3배 레버리지 ETF이고, 'SOXL'은 미국 반도체 3배 레버리지 ETF다. 그만큼 많은 투자자가 단기간에 큰 수익률을 기대한다는 뜻이다.

레버리지 ETF는 말 그대로 변동성을 2배 혹은 3배 확대시킨 상품이다. 장밋빛 미래가 펼쳐진다면 일주일 만에 20~30%도 상승할 수 있는 ETF다. 하지만 반대로 일주일 만에 20~30% 하락할 수도 있어 주의가 필요하다. 실제로 2022년 국내 투자자가 대량으로 보유한 레버리지 ETF 'TQQQ'는 연초 대비 −71%, 'SOXL'은 연초 대비 −79% 손실을 기록했다.

여기서 잠깐!

'TQQQ(프로쉐어스, 10년 상장, 시총 20.5B 달러)' 외에도 나스닥100을 추종하는 국내상장 레버리지 ETF로는 'KODEX 미국나스닥100레버리지(삼성자산운용, 21년 상장, 시총 1,584억 원)' 'TIGER 미국나스닥100레버리지(미래에셋자산운용, 22년 상장, 시총 368억 원)'가 있습니다.

※시총 기준은 2023년 8월

음의 복리효과

• • •

레버리지 ETF는 특정 구간에서만 유리한 수익구조를 가지고 있다. 기초지수가 연이어 상승하는 구간에서만 레버리지 ETF가 유리하다. 그 이유는 레버리지 상품은 일간 수익률을 추종하는 구조이

○ 사례 1. 기초지수가 꾸준히 상승할 때

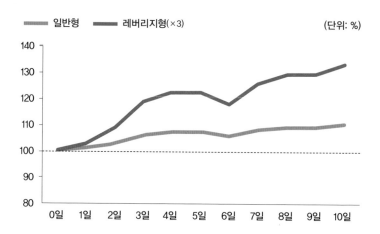

○ 사례 1 수익률 비교

구분	일반형	레버리지형(×3)
1일	1%	3%
2일	2%	6%
3일	3%	9%
4일	1%	3%
5일	0%	0%
6일	−1%	−3%
7일	2%	6%
8일	1%	3%
9일	0%	0%
10일	1%	3%

지 장기 수익률을 레버리지 배수만큼 올리는 구조가 아니기 때문이다. 다시 말해 기초지수가 횡보하거나 상승과 하락을 거듭 반복할 경우 손실률만 키울 수 있다. 흔히들 음(-)의 복리효과라고 하는데 다음의 3가지 사례를 통해 쉽게 이해할 수 있다.

첫 번째 사례는 계속해서 기초지수가 빠지지 않고 상승하는 경우다. 레버리지 ETF에 투자했을 때 성과가 가장 높을 것으로 기대되는 경우다. 차트를 보면 상승하는 기간에는 레버리지 ETF가 월등히 높은 수익률을 기록했다. 중간에 크게 추세가 꺾이지 않고 꾸준히 상승한다면 이렇게 상대적으로 우수한 성과를 기대할 수 있다.

필자가 말하고 싶은 부분이 첫 번째 사례에 담겨 있다. 추세적으로 상승이 지속될 것으로 기대되는 상황에서만 레버리지 ETF에 투자하는 것이 좋다. 문제는 투자를 전문적으로 하는 기관조차 상승 추세에 대한 전망을 확신할 수 없다는 점이다. 그래서 레버리지 ETF를 매매할 때는 방망이를 짧게 쥐고 가는 것이 중요하다.

예를 들어 중앙은행에서 경기 부양을 위해 금리를 인하하고 유동성을 푼다고 하면 적어도 단기간은 증시가 하락을 멈추고 추세적으로 상승할 가능성이 높다. 이런 구간에서는 방망이를 짧게 쥐고 주요 지수를 추종하는 레버리지 상품을 선택하는 것이 매력적인 선택지가 될 수 있다.

두 번째 사례는 기초지수가 횡보하는 경우다. 기초지수가 3% 상

○ 사례 2. 기초지수가 횡보할 때

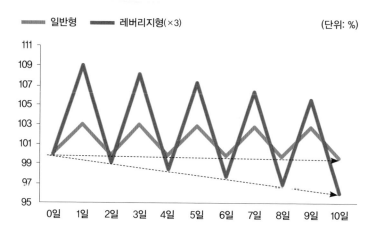

○ 사례 2 수익률 비교

구분	일반형	레버리지형(×3)
1일	3%	9%
2일	−3%	−9%
3일	3%	9%
4일	−3%	−9%
5일	3%	9%
6일	−3%	−9%
7일	3%	9%
8일	−3%	−9%
9일	3%	9%
10일	−3%	−9%

승 후 3% 하락을 반복적으로 보인다고 가정해보자. 일반형 ETF의 경우 10일이 지난 시점에 99% 수준으로 거의 원금을 지키고 있는 반면, 기초지수를 3배 추종하는 레버리지형 ETF는 10일 만에 원금이 96%까지 줄어들었다. 즉 주가가 횡보하는 상황에서는 설사 빠진 만큼 주가가 올라도 음의 복리효과에 의해 원금은 유실된다.

예를 들어 어떤 일반형 ETF에 1만 원을 투자했다고 가정해보자. 해당 ETF가 5% 하락하면 9,500원이 되는데, 여기서 다시 1만 원까지 회복하려면 주가는 약 5.3% 올라야 한다. 5%를 예로 들었지만 변동성이 더 커지면 커진 만큼 리스크는 증가한다. 100으로 시작한 기초지수가 오늘 10% 하락하고 내일 10% 오르면 지수는 100이 아닌 99를 기록한다. 해당 기초지수를 3배로 추종하는 상품이라면 100에서 30% 하락하고 다시 30% 올라도 91에 불과하다. 이렇게 음의 복리효과가 누적되면 원금 회복에 요구되는 수익률은 점차 높아질 것이다.

세 번째 사례는 기초지수가 하락했다가 제자리를 회복한 경우다. 등락을 반복하다 기초지수가 처음 투자한 시점까지 회복했다고 가정해보자. 3배 레버리지 ETF는 일반형 ETF에 비해 하락하는 구간에서 낙폭이 3배이다 보니 주가가 다시 회복해도 원금을 회복하지 못했다. 기초지수는 99%까지 회복했지만 레버리지 ETF는 96%밖에 회복하지 못했다. 만일 낙폭이 커진 'A' 구간에서 매도를 결정했

○ 사례 3. 기초지수가 하락 후 제자리를 찾을 때

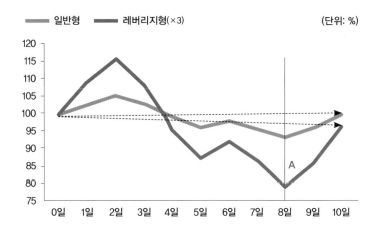

○ 사례 3 수익률 비교

구분	일반형	레버리지형(×3)
1일	3%	9%
2일	2%	6%
3일	1%	3%
4일	-3%	-9%
5일	5%	15%
6일	-3%	-9%
7일	-1%	-3%
8일	-2%	-6%
9일	3%	9%
10일	-3%	-9%

다면 큰 손실을 입게 된다.

　3가지 사례에서 알 수 있듯이 레버리지 ETF는 단기간 내에 추세적으로 하락 없이 상승하는 시기에만 효율적이라고 볼 수 있다. 하지만 주가가 계속 상승할 것이라고 누가 단정 지을 수 있겠는가? 그러니 욕심이 나더라도 레버리지 ETF 투자는 다시 한번 고민해보기 바란다.

수익률을 높이는
보조지표: 볼린저밴드

투자자는 볼린저밴드 상한선과 하한선을 통해
주가의 추세를 가늠할 수 있다.

어떤 이는 ETF를 포함한 상장주식에 투자함에 있어 매매 타이밍
은 그렇게 중요하지 않다고 이야기한다. 필자의 생각은 그렇지 않
다. 수익률은 결국 매수와 매도 타이밍에 의해서 결정되기 때문이
다. 오직 매수단가와 매도단가만이 수익률에 영향을 미치는 절대적
인 변수다. 그래서 필자는 장기투자를 목적으로 종목을 선택했을지
라도 단기적으로 매수 타이밍을 스스로 판단할 필요가 있다고 본
다. 같은 날에 매입하더라도 시기에 따라 연 수익률에 적게는 2%에
서 많게는 5% 이상도 영향을 미칠 수 있다.

적절한 매수 타이밍, 즉 저점인지 아닌지 판단하기 위해 몇 가

지 보조지표를 참고할 필요가 있다. 실제로 필자도 여러 보조지표를 참고해서 매수 타이밍을 잡곤 한다. 물론 말 그대로 보조지표이기 때문에 보조지표에만 의존해선 안 되며 추세와 맞지 않을 수도 있다. 산업이나 사업적인 측면에서 얼마나 잠재력을 갖고 있느냐가 먼저이지 보조지표가 우선순위에 있어서는 안 될 것이다.

1. 볼린저밴드(Bollinger Band)

2. RSI(Relative Strength Index)

3. MACD(Moving Average Convergence Divergence)

보조지표의 종류는 다양하지만 필자는 위의 3가지를 추천한다. 간략하게 지표별로 나타내는 숫자는 무엇이고, 어떤 모습일 때 저점이라고 판단할 수 있는지를 소개하겠다. 보조지표는 이용하고 있는 증권사 애플리케이션에서 살펴볼 수 있으니 참고하기 바란다.

추세를 파악하는 볼린저밴드

• • •

먼저 볼린저밴드다. 볼린저밴드는 주가의 이평선과 표준편차를 이용해 상한선과 하한선을 나타낸다. 투자자는 볼린저밴드 상한선과 하한선을 통해 주가의 추세를 가늠할 수 있다. 후행성이 강하다는 비판도 있으나 일반적으로 주가가 볼린저밴드 상한선 부근에 도달하면 과열되었다는 의미이고, 반대로 주가가 볼린저밴드 하한선 부근에 도달하면 과매도 상태라는 의미다. 과매도란 주가가 많이 빠져 있다는 것으로 만일 주가가 이 부근에 도달했다면 매수해도 괜찮은 가격대에 근접했다고 해석할 수 있다.

단기간 수익을 올리기 위한 목적으로 투자를 하는 것이라면 볼린저밴드를 보다 유용하게 활용하는 방법이 있다. 저점에 사서 상승 사이클이 한 번 정도 돌면 매도하겠다는 전략을 세웠다고 가정해보자. 이 경우 볼린저밴드 하한선에 도달한 시점 부근에 매입해서 3~5% 정도의 수익만 얻고 매도하는 전략이 좋은 방법일 수 있다.

태양광 섹터에 투자하는 'TAN' 차트를 보자. 일간 차트에서 볼린저밴드를 보조지표로 적용한 모습이다. 동그라미 친 구간은 모두 볼린저밴드 하단에 도달한 시점이다. 해당 시점을 기준으로 수일 혹은 수주일 내에 목표수익률(3~5%) 구간에 도달했음을 알 수 있다.

다만 강한 하락 추세가 형성될 경우 볼린저밴드로 매입 시점을 타진하는 건 부정확할 수 있다. 강한 하락세가 형성되면 볼린저밴드 하단을 돌파하고 계속해서 내려가는 사례도 빈번하기 때문이다. 실제로 볼린저밴드의 창시자 존 볼린저 역시 "밴드 태그는 태그일 뿐 신호가 아니다. 상단 볼린저 밴드 태그는 그 자체만으로는 매도

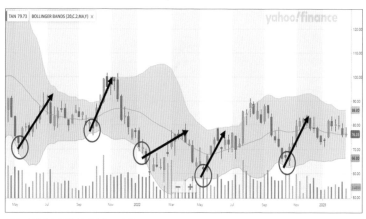

야후파이낸스에서 살펴본 'TAN' 차트

신호가 될 수 없다. 하단 볼린저 밴드 태그 역시 그 자체로 매수 신
호가 아니다."라며 보조지표에만 의존해선 안 된다고 강조했다.[8]

아크 인베스트먼트, 일명 돈나무 언니 캐서린 우드가 운용하는
액티브형 ETF 'ARK Innovation(이하 ARKK)'에 볼린저밴드를 적
용한 차트를 보자. 과거 주가가 반등하지 못하고 지속적으로 하락
하는 구간이 있는데, 해당 구간을 보면 볼린저밴드 하한선에 근접
했지만 주가가 추가로 하락했음을 알 수 있다. 만일 볼린저밴드 하
나만 믿고 투자했다면 손실액은 커졌을 것이다.

그렇다면 어떻게 강한 하락 추세인지 아닌지를 판단하고 볼린저
밴드 하한선 부근에서 투자를 결정해야 할까? 필자가 경험을 통해
체득한 방법은 다음과 같다.

야후파이낸스에서 살펴본 'ARKK' 차트

   첫 번째, 증시 매크로 동향을 대략적으로라도 파악해야 한다. 증시가 어렵거나, 금리가 급등하거나, 환율이 갑작스럽게 1% 단위로 움직인다면 단기매매를 지양하는 것이 좋다. 변동성이 큰 시기에는 위험자산인 주식을 선호하지 않을 확률이 높아지기 때문에 장기적인 관점에서 접근하는 것이 좋다.

   두 번째, 투자하려는 ETF 섹터 전망에 대해 파악해야 한다. 섹터 전망이 급격하게 어두워질 수 있는 변수가 있는지 확인해볼 필요가 있다. 예를 들어 IPO(공모주) 투자를 하는 ETF에 투자한다고 가정해보자. 금리가 높아지고 투자자들의 심리가 위축되는 상황에서는 IPO시장이 어려워질 수밖에 없다. 신규 상장되는 주식의 가치가 하향 조정되거나 상장을 연기 혹은 취소하는 경우가 발생할 수 있다. 즉 ETF 섹터 자체가 상황이 여의치 않다 보니 추세적으로 하향세에 접어들 가능성이 크다.

하나 더 예를 들어보자. 미국 내 친환경에너지에 주로 투자하는 ETF에 투자한다고 가정해보자. 바이든 정부에서 친환경 정책을 법안으로 통과시키지 못하거나, 미국이 친환경 사업을 영위하는 기업에게 제공하겠다고 한 혜택이 급격하게 줄어든다면 해당 섹터의 전망이 급격히 어두워질 것이다. 이런 경우 해당 섹터의 ETF를 단기적으로 매매해서 차익을 보려다간 큰 낭패를 볼 수 있다.

수익률을 높이는
보조지표: RSI

RSI가 70보다 위에 있으면 주가가 과매수 상태라는 의미이며,
30보다 아래에 있으면 주가가 과매도 상태라는 의미다.

매수·매도 타이밍을 알려주는 RSI

• • •

RSI는 상대강도지수로 상승한 날의 상승폭과 하락한 날의 하락
폭을 기반으로 한 보조지표다. RSI를 계산하는 공식은 복잡한데 관
련 애플리케이션, 증권 플랫폼에서 전부 계산해주기 때문에 어렵게
직접 산출할 필요는 없다(사실 알아봐야 별로 도움도 되지 않고 그냥
어떤 상황이 저점이고 고점인지 알고 있으면 충분하다). 차트에서 RSI
보조지표만 추가하면 실시간으로 주가 움직임에 따라 변화하는 모
습을 볼 수 있다.

○ RSI 지표 예시

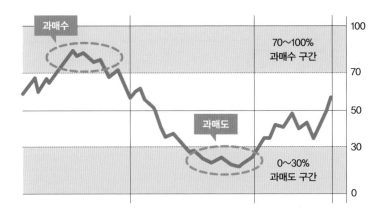

　보통 RSI는 30과 70을 기준으로 본다. RSI가 70보다 위에 있으면 주가가 과매수 상태라는 의미이며, 30보다 아래에 있으면 주가가 과매도 상태라는 의미다. 상승한 날의 상승폭과 하락한 날의 하락폭을 가지고 지표를 만들기 때문에 시장의 여러 상황과 병행해서 보기 좋은 유의미한 데이터다.

　참고로 30보다 아래라고 해서 단기간에 반드시 반등하는 것은 아니다. 주가가 내리막이라면 30 아래인 상태로 지속될 수도 있다는 점을 명심하자. 물론 산업의 성장 방향이 크게 달라지거나 증시 자체가 장기 하락 국면이 아니라면 이런 경우는 드물다.

　RSI 지표 예시 사례를 보자. RSI가 30 아래에서 30 위로 올라가는 국면이라면 매수하는 것이 확률적으로 상승 추세를 타기 좋은 시

○ RSI를 적용하기 좋은 상황과 나쁜 상황

횡보 장세	상승 장세, 하락 장세

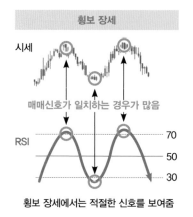

매매신호가 일치하는 경우가 많음

횡보 장세에서는 적절한 신호를 보여줌

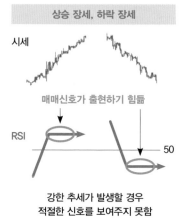

매매신호가 출현하기 힘듦

강한 추세가 발생할 경우
적절한 신호를 보여주지 못함

점이며, 70 위의 구간에서 70 아래로 떨어지는 시점이 매도하기 좋은 타이밍이다.[9]

RSI 지표 역시 볼린저밴드와 마찬가지로 지속적인 상승세 혹은 지속적인 하락세에서는 주의가 필요하다. 강한 추세가 발생할 경우 RSI를 적용하기 힘들 수 있다. 추세적으로 한쪽으로만 움직이지 않는 구간에서는 유의미한 편이지만 추세가 한쪽으로 쏠린 상황에서는 적절한 타이밍을 알려주지 못할 수 있다.

주가가 적정 구간에서 상승과 하락을 반복하는 패턴, 즉 횡보 장세에서는 RSI를 참고할 경우 승률을 높일 수 있다. 하지만 상승 장세, 하락 장세에서는 매수·매도 타이밍을 잡기가 어려울 수 있으니 주의하기 바란다.

수익률을 높이는
보조지표: MACD

MACD는 이동평균수렴확산지수로 이평선 사이에서
추세 변화의 신호를 알려주는 지표다.

추세 변화의 신호탄, MACD

• • •

마지막은 MACD이다. 월가에서 차트분석의 대가로 유명한 케이
티 스톡턴은 MACD를 "지난 몇 년 동안 가장 뛰어난 증시 분석 지
표"로 꼽은 바 있다.[10] MACD는 이동평균수렴확산지수로 이평선
사이에서 추세 변화의 신호를 알려주는 지표다. 장단기 이평선 간
의 차이를 이용해 매매신호를 포착하는 기법으로, '시그널(MACD
의 9일 지수이동평균)'과 함께 봐야 한다.

장단기 이평선이 가장 크게 벌어진 시점이 바로 시세의 전환점이

인베스팅닷컴에서 살펴본 MACD 지표 예시

라고 볼 수 있다. 다만 매수 타이밍이 후행적으로 나타나기 때문에 주가가 오르고 나서야 MACD에서도 좋은 신호가 포착된다. 데이터를 볼 때 숫자로 보기보다는 마이너스 영역일 때 골든크로스가 나타나는 시점이 매수하기 좋은 타이밍이라고 받아들여진다.

차트에서 볼 수 있듯이 이미 주가가 바닥을 한 번 찍고 단기 반등이 나타난 자리(A)에서는 MACD 지표에서 골든크로스, 즉 매수 시점이 나타난다. 골든크로스가 나타난 다음 며칠 내로 주가가 꺾이면 단기 고점에 매수하는 실수를 범할 수 있기 때문에 주의해서 활용할 필요가 있다.

MACD를 보다 안정적으로 활용하기 위해서는 해당 차트를 수개월 이상 늘려서 대략적인 저점 구간을 수평선으로 그리는 것이 좋다. 이렇게 최하단 부근을 표시해두면 나중에 MACD에서 저점에 접어들어도 빠질 만큼 빠졌는지, 아니면 더 빠질 수 있는지 판단하기 좋다. 과거 최하단 부근까지 하락했고 MACD 지표에서도 골든크로스가 나타난다면 금상첨화일지 모른다.

명심하자. 보조지표를 활용한 단기매매의 핵심은 '단기 수익'에 있다. 보조지표를 활용해 적절한 매수 타이밍을 포착했다면 과감히 매입해야 하며, 이후 주가가 반등해서 수익이 5% 이상(혹은 목표로 한 수익률 이상) 났다면 처음 매수한 물량의 50% 정도는 매도하는 것이 수익률을 극대화하기 좋다.

- 투자성향에 따라 포트폴리오 내에서 지수추종 ETF와 테마형 ETF의 비중
  은 달라질 것이다.

- '포트폴리오 비주얼라이저'라는 사이트를 통해 투자하는 조건(시작 자본, 매월
  납입 조건, 투자 기간 등)에 따라서 투자 시점 대비 얼마나 수익이 났는지를 무
  료로 비교할 수 있다.

- 레버리지 ETF는 단기간 내에 추세적으로 하락 없이 상승하는 시기에만 효
  율적이라고 볼 수 있다. 그러니 욕심이 나더라도 레버리지 ETF 투자는 다
  시 한번 고민해보기 바란다.

- 주가가 볼린저밴드 상한선 부근에 도달하면 과열되었다는 의미이고, 반대로
  주가가 볼린저밴드 하한선 부근에 도달하면 과매도 상태라는 의미다.

- RSI가 70보다 위에 있으면 주가가 과매수 상태라는 의미이며, 30보다 아래에 있으면 주가가 과매도 상태라는 의미다.

- MACD는 이동평균수렴확산지수로 이평선 사이에서 추세 변화의 신호를 알려주는 지표다. 장단기 이평선 간의 차이를 이용해 매매신호를 포착하는 기법으로, '시그널(MACD의 9일 지수이동평균)'과 함께 봐야 한다.

매수와 매도, 언제 어떻게 해야 할까?

구성 종목의 관련 사업 매출 비중 확인하기

ETF 분배금과 분배락

포트폴리오 리밸런싱 노하우

자동매수기능을 활용한 장기 적립식 투자

ISA계좌를 통해 세제 혜택을 누려보자

Chapter 6

수익을 높이는
ETF 매매 전략 ②

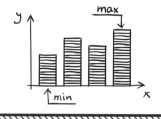

매수와 매도,
언제 어떻게 해야 할까?

> 테마형 ETF를 통해 시장수익률 이상을 노린다면
> 매입 시점이 그 무엇보다 중요하다.

목적에 따라 달라지는 매수·매도 전략

• • •

목적에 따라 매수·매도 전략은 달라지기 마련이다. 투자 목적은 크게 '월 납입 형식의 안정적인 장기투자' '시장수익률 이상을 노리는 단기투자' 2가지로 나뉜다.

만일 장기간 적금처럼 꾸준히 자산을 축적시키고자 한다면 ETF를 매입하는 시점은 그리 중요하지 않다. 이런 유형의 투자자는 보통 자동이체를 활용해 월수입의 일정 비율을 꾸준히 떼어 ETF를 매입한다. 이 경우 어차피 월급날 매입하는 것이기 때문에 매입 주기가 한 달이면 다시 돌아온다. 긴 시간 누적해 적금처럼 투자하다 보면 자연스레 매입단가가 조절된다.

주의가 필요한 부분은 만일 목돈 마련을 위해 적금 대신 ETF를 사겠다고 다짐했다면 반드시 매월 일정량 이상의 자금을 ETF를 매입하는 데 써야 한다. 한 달이라도 다른 데 써서는 안 된다. 주기를 놓치면 다음 달에 더 높은 비용을 치러야 할지 모른다. 또한 며칠씩 혹은 몇 주씩 돈을 묵히면서 가장 낮은 단가에 살 수 있을 것이라는 자신감을 버려야 한다.

예를 들어 매월 1일 어떤 ETF를 1주씩 사겠다고 결심했다면 반드시 1일에 매입해야 한다. '이번 달에 시장 분위기가 안 좋으니 건너뛰고 다음 달에 2주를 살까?' 하는 생각이 들어도 유혹을 이겨내야 한다. 우리는 전문성이 뛰어난 전업 투자자가 아니다. 이런 행위를 하는 순간 원칙은 무너지고, ETF를 매입하기 전에 돌린 백테스팅도 허사가 된다.

가격이 높아 보이고 시장이 불안정하다는 이유로 매입을 미루면 그만큼 리스크는 커진다. 또 그다음 달이 오기 전에 돈을 다른 곳에 사용할 가능성도 있다. 무엇보다 다음 달에 가격이 하락한다는 보장도 없다. 매입단가가 지난달보다 올라가면 기회비용만 날리는 셈이다. 만일 월 납입 형식의 안정적인 장기투자가 목적이라면 가격에 관계없이 매월 정해진 날짜에 사는 것을 권한다.

반면 테마형 ETF를 통해 시장수익률 이상을 노린다면 매입 시점이 그 무엇보다 중요하다. 또한 단기투자는 되도록 시장이 안정적일 때 시도하는 것이 좋다. 글로벌 증시가 불안하고, 경기 침체 우려가 높고, 시장의 눈이 온통 제롬 파월(미국 연준 의장)의 입모양만 바라보는 상황이라면 실패할 확률이 높다. 즉 급격한 변동성을 보이는 시기에는 단기투자를 지양해야 한다. 개인투자자가 시황을 판단하는 방법은 크게 다음의 2가지다.

첫 번째, 최근 한 달간 시장 대표지수(S&P500, 나스닥, 코스피 등)가 -2% 이상 하락했다면 단기매매를 다시 생각해볼 필요가 있다. 왜 하락했는지는 중요하지 않다, 시장은 방향성을 갖고 움직이므로 최근 거래일 동안 -2% 이상 하락한 날이 있다면 추세를 눈여겨보며 몸을 사려야 한다. 변동성이 크다는 건 하락을 야기한 리스크 요인이 해소되었다고 보기 힘든 징조다.

두 번째, '공포탐욕지수(Fear & Greed Index)'를 참고하는 방법이다. 해당 지표는 시장참여자의 공포와 탐욕에 대한 감정을 측정하기 위해 〈CNN〉에서 개발한 지수로 해당 지표의 바늘이 왼쪽(Fear)에 가까울수록 시장이 많이 빠져 공포에 떨고 있는 것이고, 오른쪽(Greed)에 가까울수록 시장이 많이 올라 탐욕에 빠져 있는 것이다.

공포탐욕지수가 30 이하라면 시장에 어느 정도 공포가 반영되었

〈CNN〉에서 살펴본 2023년 8월 25일 기준 공포탐욕지수

으니 지금부터는 조금씩 매수해도 좋다는 신호일 수 있다. 반면 60 이상이라면 시장에 탐욕이 꽤 반영되어 있으니 조심해야 한다. 필자는 만일 단기매매 전략을 고려한다면 공포탐욕지수가 적어도 60 아래에 있어야 한다고 생각한다.

공포탐욕지수와 S&P500 추이를 살펴보면 변동성에 따라서 공포탐욕지수의 고점과 S&P500의 고점이 정확하게 일치하지 않을 수 있으나, 공포탐욕지수가 60 이상일 때는 대체적으로 가까운 시일 내에 지수가 하락했다.

보조지표는 말 그대로 '보조'일 뿐이다. 참고용으로만 보기 바란다. 어쨌든 ETF도 개별 종목 투자와 마찬가지로 싼 가격에 사서 비

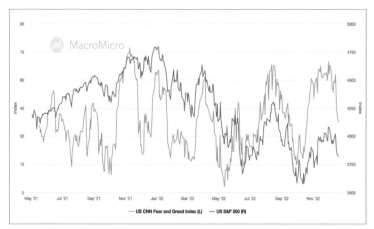

매크로마이크로에서 살펴본 공포탐욕지수(파란색)와 S&P500(붉은색) 차트

싼 가격에서 파는 것이 가장 중요하다. 공포탐욕지수는 지금 가격이 기술적으로 높은 가격인지 아닌지를 참고하는 다른 보조지표와 함께 보는 것을 권한다.

구성 종목의 관련 사업 매출 비중 확인하기

제품별로 매출 비중을 살펴보고, 각 제품이 어떤 산업에서
어떤 용도로 쓰이는지 먼저 공부할 것을 추천한다.

구성 종목 매출 비중을 꼼꼼히 확인해야 하는 이유

• • •

ETF가 담고 있는 구성 종목과 관련 사업의 매출 비중도 꼼꼼히
확인해야 한다. 개별 주식을 거래할 때도 똑같이 적용되는 부분이
다. 특히 테마형 ETF라면 포트폴리오 구성 종목과 해당 기업의 매
출 비중을 꼼꼼히 살펴볼 필요가 있다. 가끔씩 테마와 적합하지 않
은 종목이 담겨 있기 때문이다.

예를 들어 자율주행 관련 ETF가 신규 상장되었다고 가정해보자.
향후 5년 내로 자율주행 분야가 고속 성장할 것이라고 기대해 포트

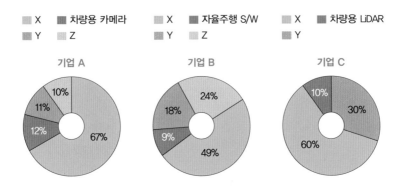

○ 포트폴리오 상위 3개 종목 자율주행 매출 비중

| | X | ■■ 차량용 카메라 | | X | ■ 자율주행 S/W | | X | ■ 차량용 LiDAR |
| | Y | | Z | | Y | | Z | | Y | |

기업 A
10%
11%
12%
67%

기업 B
24%
18%
9%
49%

기업 C
10%
30%
60%

폴리오도 확인하지 않고 덜컥 매입했다. 나중에 포트폴리오에 편입 된 구성 종목을 확인해보니 자율주행 사업을 영위하는 A, B, C 3개 기업을 무려 40%나 담고 있어 조금 안심이 되었다. 여기까진 겉으로 보면 문제가 없어 보인다.

그런데 A, B, C 3개 기업의 매출 비중을 뜯어보니 조금 이상하다. 자율주행 관련 매출이 A기업은 12%, B기업은 9%, C기업은 10%에 불과하다. 매출구조를 보니 다른 사업에서 대부분의 매출을 만들고 있는 상황이다. A, B, C는 자율주행 관련 회사로 엮여 있지만 실제로 해당 기업의 주가를 상승시키는 데 가장 주요한 역할을 하는 사업부문, 즉 캐시카우는 전혀 다른 산업일 가능성이 높다. 따라서 '자율주행'이라는 이름만 믿고 해당 ETF를 매입했다면 큰 낭패를 볼 수 있다.

해당 ETF를 매입한 투자자는 자율주행 관련 산업의 유망함을 믿고 해당 섹터가 성장함으로써 발생하는 수혜를 기대하고 투자한 상황이다. 하지만 실제로 주가의 상승과 하락에 가장 큰 기여를 하는 산업은 자율주행이 아닌 전혀 다른 산업이다. 자율주행에 투자하고자 해당 ETF를 매입했다면 투자 목적에 부합하지 않은 잘못된 선택을 한 셈이다.

예외의 경우도 있다. 만일 투자하고자 하는 산업이 이제 막 발을 뗀 상황이어서 큰 매출을 발생시키고 있는 기업이 전무하다면 이야기가 달라질 수 있다. 또 C기업이 만약 자율주행 라이다(LiDAR) 부문에서 글로벌 1위 기술을 보유한 기업이고, 대부분의 완성차 업체에서 C기업의 기술을 채택한 상황이라면 이야기는 달라진다. 물론 어디까지나 예외의 경우이고 이런 상황은 흔하지 않다. 설령 존재한다고 해도 포트폴리오 상위 1개 종목 정도는 몰라도 3개 종목 전부 이런 경우는 드물다.

ETF가 담고 있는 상위 종목을 확인하고, 주로 어떤 분야에서 매출이 발생하는지 점검한 다음 투자를 결정하기 바란다. 해외에 상장된 ETF도 마찬가지다. 각 회사의 매출구조를 분석한 다음 투자 결정을 내려야 한다. 제품별로 매출 비중을 살펴보고, 각 제품이 어떤 산업에서 어떤 용도로 쓰이는지 먼저 공부할 것을 추천한다.

ETF 분배금과
분배락

배당락일에 배당에 대한 권리가 발생하면 ETF는
'예상배당금'이라는 이름으로 이를 순자산가치에 반영한다.

분배금이란 무엇인가?

• • •

ETF의 분배금은 주식의 배당금과 비슷한 개념이다. 배당이란 기업이 일정 기간 영업활동으로 번 이익금 일부를 주주에게 돌려주는 개념으로, ETF가 기초자산으로 배당을 주는 기업의 주식을 보유하고 있을 경우 '분배금'이란 이름으로 배당금이 지급된다고 이해하면 된다. 다시 말해 주식과 투자자 사이에서 ETF가 중개자 역할을 하는 것이다.

여러 주식에서 발생하는 배당금이 ETF에 입금되어 쌓이면, 운용사는 현금으로 쌓아둔 일정 수준의 배당금을 분배금이란 이름으로 투자자에게 돌려준다(참고로 주식의 배당금뿐만 아니라 채권의 이자 및 기타 기초자산으로부터 발생하는 이익 등은 모두 분배금을 발생시키는 요인이다). 배당 기준일로부터 2일 전에 주식을 보유해야 배당을 받을 수 있듯이, ETF도 분배금 기준일로부터 2일 전에 ETF를 보유해야 분배금을 받을 수 있다. 일반적으로 기업의 결산은 분기(3·6·9·12월)에 이뤄지는데, 월배당을 주는 테마형 ETF가 아니라면 분배금 기준일은 이보다 1개월씩 늦은 1·4·7·10월의 마지막 거래일이라고 보면 된다.

배당락일에 배당에 대한 권리가 발생하면 ETF는 '예상배당금'이라는 이름으로 이를 순자산가치에 반영한다. 이후 투자자에게 분배금이 지급되면 자동적으로 순자산가치가 줄어들면서 주가가 하락할 가능성이 커진다. 주식의 배당락일처럼 ETF도 분배락일이 존재하는데, 분배를 받을 수 있는 권리가 없어지는 날을 분배락일이라고 한다. 통상적으로 4월 분배금이 가장 많은데, 2022년을 예로 들면 분배금 기준일이 4월 29일이기 때문에 4월 27일까지 보유분에 한해 분배금이 지급된다. 따라서 분배금 권리 상실일인 4월 28일이 분배락일이 된다.

국내 주식형 ETF 중 평균 분배율이 높았던 상위 5개 종목의 분배락 하락률을 살펴보자.[11] 'ARIRANG 고배당주' 'KODEX 은행'

O 평균 분배율 상위 5개 국내 주식형 ETF(2022년 4월 기준)

이름	5년 평균 분배율	5년 평균 분배락 시가 하락율
ARIRANG 고배당주	4.78%	-3.85%
KODEX 은행	4.39%	-3.37%
KOSEF 고배당	4.22%	-2.72%
TIGER 200 금융	3.71%	-2.34%
TIGER 코스피고배당	3.61%	-2.95%

* 분배율 계산은 해당 연도별 4월 분배금 기준
자료: IBK투자증권

'KOSEF 고배당' 'TIGER 200 금융' 'TIGER 코스피고배당'의 5년 평균 분배율은 각각 4.78%, 4.39%, 4.22%, 3.71%, 3.61%였다. 5개 종목의 5년 평균 분배락 시가 하락률은 각각 -3.85%, -3.37%, -2.72%, -2.34%, -2.95%였다.

이러한 분배락을 활용해 차익과 절세 효과를 누리는 방법이 있다. 분배금 기준일 2일 전에 ETF를 매도하고, 분배락으로 가격이 낮아진 ETF를 다시 매수하는 것이다. 모든 국내상장 ETF는 분배금을 지급할 시 배당소득세 15.4%를 원천징수한다. 그런데 분배락 전에 ETF를 매도하면 분배금을 받지 않아 배당소득세를 낼 필요가 없다. 분배금이 반영된 시기, 즉 예상배당금이 순자산가치에 포함

된 시기에 ETF를 비싸게 매도하고, 분배락으로 가격이 낮아진 ETF
를 매수하면 차익도 기대할 수 있다.

포트폴리오
리밸런싱 노하우

최소 3개월 내지는 1년간 수익률이 양호한 섹터를 선택해
포트폴리오에 편입해두는 방식으로 리밸런싱을 하면 좋다.

시장 주도 섹터 찾기

• • •

리밸런싱을 위해선 먼저 시장 주도 섹터를 선별해야 한다. 꾸준히 시장수익률보다 높은 성과를 내기 위해서는 시장 상황에 맞게 시장을 주도하는 특정 섹터에 집중하는 ETF를 보유할 필요가 있다. 한국에 상장된 ETF를 포트폴리오에 담을 계획이라면 증권사 애플리케이션을 통해 기간별 업종 시세와 수급을 확인하고 특정 기간 가장 퍼포먼스가 좋은 섹터를 분석해야 한다.

미국에 상장된 ETF에 투자할 계획이라면 미국 시장에서 각 섹터

| SECTOR \| INDUSTRY | | | | | | | | | |
Industry Name	Last % Change ▼	1 Day	5 Day	1 Month	3 Month	YTD 05/05/2023	1 Year	3 Year	5 Year	10 Year
Automobiles (.GSPAUTO)	+5.30%	+5.30%	+3.04%	-10.82%	-11.22%	+29.85%	-43.09%	+47.62%	-26.41%	-28.94%
Technology Hardware, Storage & Peripherals (.GSPCOPE)	+4.61%	+4.61%	+2.20%	+4.46%	+11.46%	+32.43%	+3.21%	+132.53%	+242.73%	+805.12%
Construction & Engineering (.GSPCSE)	+3.46%	+3.46%	+0.84%	+5.18%	+12.23%	+20.05%	+41.05%	+253.16%	+261.61%	+254.15%
Banks (.GSPBKS)	+3.24%	+3.24%	-4.60%	+0.39%	-22.51%	-14.54%	-22.53%	+20.09%	-15.46%	+62.07%
Building Products (.GSPBUI)	+2.84%	+2.84%	-0.01%	+4.18%	-6.29%	+3.53%	+8.96%	+90.77%	+66.07%	+169.94%
Consumer Finance (.GSPCFI)	+2.78%	+2.78%	-6.72%	-6.13%	-19.32%	-1.19%	-21.69%	+72.67%	+28.07%	+79.09%
Oil, Gas & Consumable Fuels (.GSPOIG)	+2.78%	+2.78%	-5.72%	-5.51%	-5.56%	-7.61%	-0.27%	+116.09%	+21.37%	+15.03%
Semiconductors & Semiconductor Equipment (.GSPSEQP)	+2.74%	+2.74%	+0.92%	-1.90%	+6.62%	+30.50%	+3.72%	+87.25%	+119.84%	+491.32%
Airlines (.GSPALI)	+2.64%	+2.63%	-0.25%	-0.73%	-15.95%	+2.11%	-26.46%	+39.16%	-42.54%	+38.37%
Textiles, Apparel & Luxury Goods (.GSPTEX)	+2.52%	+2.52%	-0.61%	+1.55%	-3.37%	+6.36%	-5.03%	+35.99%	+23.78%	+64.17%
Entertainment (.GSPENT)	+2.43%	+2.43%	-1.81%	-3.82%	-7.40%	+11.70%	+0.91%	--	--	--
Energy Equipment & Services (.GSPENS)	+2.34%	+2.34%	-6.76%	-8.20%	-14.75%	-14.77%	-5.82%	+148.30%	-38.05%	-48.49%
Auto Components (.GSPAUC)	+2.27%	+2.27%	-8.64%	-10.96%	-15.88%	+3.17%	-8.36%	+50.53%	-3.47%	+78.96%
Diversified Financial Services (.GSPDIFN)	+2.18%	+2.18%	-0.75%	+4.09%	+3.60%	+3.47%	-2.20%	+79.62%	+62.62%	+233.25%
Insurance (.GSPINSE)	+2.16%	+2.16%	-1.52%	+2.08%	-4.01%	-3.59%	-0.77%	+78.02%	+50.36%	+139.03%
Capital Markets (.GSPCMK)	+2.15%	+2.15%	-3.60%	-2.11%	-13.92%	-6.36%	-7.14%	+41.53%	+29.24%	+132.53%

피델리티에서 살펴본 섹터 및 산업별 수익률

가 기간별로 얼마나 수익을 올리고 있는지 점검하면 좋다. 관련 정보는 글로벌 자산운용사 피델리티 사이트(digital.fidelity.com/prgw/digital/research/sector)에서 무료로 확인할 수 있다. 섹터 및 산업별로 특정 기간 얼마나 수익률이 나왔는지 비교할 수 있다(섹터가 산업보다 더 세분화되어 있어 구체적인 주도주를 파악하기에는 좋으나 섹터에 딱 맞는 ETF가 미국 내에 없을 수도 있다는 점은 다소 아쉽다).

최소 3개월 내지는 1년간 수익률이 양호한 섹터를 선택해 포트폴리오에 편입해두는 방식으로 리밸런싱을 하면 좋다. 빈번하게는 6개월에 한 번, 길게는 1~2년에 한 번 리밸런싱을 할 텐데 해당 사

○ 섹터별 가중치(2023년 4월 기준)

■ 비중 축소(Underweight)　　■ 시장 비중(Market Weight)
■ 비중 확대(Overweight)　　■ 의견 다름(Disagree)

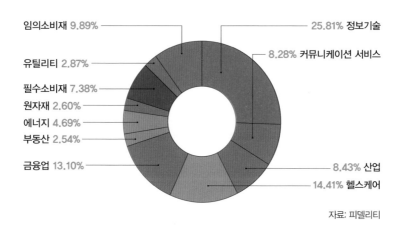

임의소비재 9.89%　　　　　　　　　　　　25.81% 정보기술

유틸리티 2.87%　　　　　　　　　　8.28% 커뮤니케이션 서비스

필수소비재 7.38%

원자재 2.60%

에너지 4.69%

부동산 2.54%

금융업 13.10%　　　　　　　　　　　　　　8.43% 산업

　　　　　　　　　　　　　　　　　　14.41% 헬스케어

자료: 피델리티

이트를 통해 담을 만한 섹터를 선정할 것을 추천한다. 미국 시장은 전 세계 시장을 주도하는 규모가 가장 큰 시장이기 때문에 특정 섹터가 추세를 타기 시작하면 상당 기간 상승세가 이어지는 경우가 많다.

　물론 어느 정도 공부는 필요하다. 수익률만 가지고 포트폴리오에 편입할지 말지 판단하기에는 무리가 있다. 특정 섹터가 상승하는 이유에 따라 상황은 얼마든지 달라질 수 있기 때문이다. 다만 일반적으로 시장을 주도하는 섹터가 있고 최소 3개월 내지는 1년간 수익률이 양호했다면 상승 추세가 상당 기간 이어질 가능성이 높다.

피델리티 사이트에서 제공하는 '섹터별 가중치'도 참고하기에 좋은 데이터라고 생각한다. 섹터별로 어디가 더 긍정적인 전망을 갖고 있는지 보여주는 자료인데, '초과 비중(Overweight)'이라고 제시한 산업을 눈여겨보면 된다. 초과 비중이란 전망이 좋다고 판단해 시장보다 더 높은 가중치를 두고 투자하라는 의견이다. 예시 자료는 2023년 4월 자료로 보다시피 정보기술 분야를 추천하고 있다. 100% 맹신할 필요는 없겠으나 특별한 이유가 없는 한 적어도 '비중 축소(Underweight)' 섹터만큼은 피하는 게 좋다. 해당 자료에서는 필수소비재 투자를 피하라고 권하고 있다.

리밸런싱은 분기 단위로

• • •

포트폴리오 리밸런싱은 주기적으로 해주는 것이 좋다. 리밸런싱 주기, 방식은 운용기관에 따라 다양하지만 개인투자자라면 분기 단위를 추천한다. 개인투자자가 ETF만으로 포트폴리오를 꾸렸다면 특정 섹터나 테마형 ETF의 비중이 적어도 20% 이상은 될 것이다 (S&P500만 추종하는 'SPY'만 샀다면 논외다).

섹터, 테마는 추세적으로 방향이 결정되면 적어도 한 달에서 3개월 정도는 그 방향성이 이어지는 경향이 있다. 이런 경향을 이용해서 매매하는 전략을 흔히 '추세추종매매'라고 한다. 추세추종매매를 대중화한 마이클 코벨의 책에는 다음과 같은 문장이 나온다.[12]

추세가 언제까지 지속될지 추측하지 마라. 이는 불가능하다. 가격이 뉴스를 만들지, 뉴스가 가격을 만들지는 않는다. 시장은 갈 길을 갈 뿐이다.

이 문장이 의미하는 바는 명확하다. 주가가 한 번 방향성을 잡고 추세를 타기 시작하면 어디까지 갈지는 그 어떤 전문가도 정확히 알 수 없다(만일 일주일 혹은 보름과 같이 너무 단기간에 리밸런싱을 반복하면 추세에 올라타기 힘들 것이다). 시장의 원리를 잘 생각해보면 이는 당연한 이치다.

처음에는 수급이 없어서 크게 오르지 못하던 특정 섹터 ETF가 갑자기 전문가들에게 주목받아 전망이 밝다는 의견이 나온다면 어떻게 되겠는가? 실제로 섹터 내 대표 기업들의 실적이 중장기적으로 큰 폭으로 성장하면 주가는 빠르게 오를 것이고, 긍정적인 보도가 이어질 것이다. 신문에 해당 산업의 유망함이 오르내리면 그쪽 분야에 관심 없던 대중의 이목이 집중될 것이고, 수급에 의해 주가는 더더욱 힘을 받는다. 즉 주가가 오르면 뉴스가 나오고 이에 힘입어 수급이 쏠리면 주가는 상승세를 탄다. 개인적으로 필자는 이러한 추세추종전략을 좋아하는 편이다.

필자가 10조 원이 넘는 자금을 운용하는 자산운용사에 재직할 당시, 뛰어난 펀드매니저들의 운용전략을 유심히 관찰하며 느낀 점이 있다. 전문가와 평범한 개인투자자의 가장 큰 차이는 그릇이 다르다는 것이다. 이 말은 무슨 뜻일까?

필자 주변에도 자산의 일부를 주식투자에 활용하는 개미 직장인이 많다. 그들 대부분 나름대로 전략을 세워 +5%만 되면 파는 방식으로 수익 실현을 꾀한다(필자는 이를 '손익한계전략'이라고 지칭하겠다). 좋다. 여기까지는 나름 괜찮은 전략이다. 그런데 손익한계전략은 반대로 −5% 손실을 보면 손절하는 것을 기본 전제로 깔고 가야 한다.

5개 종목에 20%씩 같은 비중으로 투자했다고 가정해보자. 그중 3개 종목은 수익을, 2개 종목은 손실을 본 상황이다. 손익한계전략에 따라 ±5%를 기준으로 3개 종목에선 +5% 수익을 실현했고, 다른 2개 종목에선 −5%로 손절했다. 이 경우 전체 계좌의 수익률은 1%다. 이처럼 반드시 손절 한도도 목표수익률과 동일하게 설정해야 한다. 만약 좋은 성과가 날 것을 기대하고 −20%임에도 손절을 미룬다면, 포트폴리오 내 다른 몇몇 종목에서 5%씩 수익을 얻어도 전체 계좌의 수익률은 마이너스일 것이다.

O 손익한계전략 수익률 계산 예시

종목명	비중	수익률
A ETF	20%	−5%
B ETF	20%	5%
C ETF	20%	5%
D ETF	20%	5%
E ETF	20%	−5%
합계	100%	1%

　본인이 수익을 회수하는 시점을 조금 짧게 가져가고 싶다면, 하락해서 손실을 잘라내는 폭도 같은 수준으로 가져가는 것이 현명하다. 그렇지만 특정 산업군의 성장을 기대하고 장기간 매월 적립식으로 투자금을 밀어 넣는 방식이라면 굳이 수익과 손실의 폭을 제한할 필요는 없다. 기대하는 성장이 제대로 나타나고 있는지 숫자를 확인하면 될 테니까 말이다.

자동매수기능을 활용한 장기 적립식 투자

자동매수기능을 제공하는 증권사 애플리케이션을 활용하면
주가의 등락폭에 따라 판단이 흐려지는 실수를 줄일 수 있다.

　　장기 적립식 투자를 누누이 강조하는 이유는 매수 타이밍에 대한
고민을 덜어주기 때문이다. 또 목돈이 필요하지도 않다. 장기 적립
식 투자의 장점은 크게 3가지다. 첫 번째, 거치식 투자에 비해 수익
이 발생할 확률이 높다. 두 번째, 투자의 가장 큰 적인 개인의 불안
심리를 제거할 수 있다. 세 번째, 장기투자를 통한 복리효과도 누릴
수 있다.

　　물론 '장기 적립식 투자'가 어떤 상황에서도 통용되는 절대 공식
인 것은 아니다. 적립식 투자라고 할지라도 상당 기간 투자하면 자
금이 불어나 거치식 투자와 성격이 유사해진다. 잔액이 뭉칫돈으

로 커진 상태에서 외부 변수로 인해 증시가 약세로 기울면 공들여 쌓은 수익률이 훼손될 수 있다. 잔액 대비 매달 납부하는 투자금이 소액이라면 평균 매입단가를 낮추는 데 한계가 생긴다. 더불어 증시가 박스권을 형성해 장기간 오르락내리락 반복한다면 성과를 보기 힘들다. 따라서 주가가 지지부진한 상황이라면 적절한 개입이 필요하다.

증권사 자동매수기능 활용하기

• • •

안정적인 장기투자가 목적이라면 ETF도 보험과 연금처럼 꾸준히 투자금을 불입할 필요가 있다. 비교적 안정적으로 운용이 가능한 해외상장 ETF, 즉 미국 대표 주가지수를 추종하는 ETF를 매입한다고 가정해보자. 그런데 미국 주식시장은 한국 시간 기준으로 오후 11시 30분에 장이 열린다(서머타임 적용 시 오후 10시 30분). 직장인이라면 그 시간까지 안 자고 기다렸다가 매수하기가 번거롭다.

필자가 추천하는 매입 방식은 증권사 애플리케이션의 자동매수기능 서비스를 이용하는 것이다. 예를 들어 KB증권의 경우 '해외주식적립식매수' 서비스를 통해 매입할 종목과 자동 매수일을 결정할 수 있다. 월급일이나 그다음 날로 지정하면 특정한 시기에 원하는

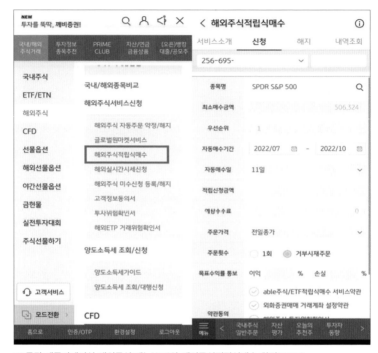

KB증권 애플리케이션 해외주식 메뉴(왼쪽)와 해외주식적립식매수 화면(오른쪽)

금액만큼 ETF를 매수할 수 있다. 최소 3년 이상 장기 적립식 투자를 하겠다고 마음먹었다면 호가에 관계없이 이렇게 꾸준히 수량을 모으는 것이 좋다. 자동매수기능을 제공하는 증권사 애플리케이션을 활용하면 주가의 등락폭에 따라 판단이 흐려지는 실수를 줄일 수 있다.

ISA계좌를 통해
세제 혜택을 누려보자

3년 이상 자산 증식을 목적으로 꾸준히 묵힐 수 있는 자금이 있다면
ISA를 활용하는 것도 좋은 선택지다.

세제 혜택 끝판왕, ISA

• • •

ISA를 활용하면 세제 혜택을 기대할 수 있다. 'ISA(Individual Savings Account)'란 개인종합자산관리계좌를 지칭한다. 최근에는 여러 혜택을 지닌 ISA가 개인투자자들 사이에서 유용한 투자 수단으로 활용되고 있다. ETF 매매 시 ISA를 활용할 경우 장점과 혜택이 많다.

먼저 ISA의 주요 내용부터 살펴보자. 가입 조건은 19세 이상이고, 의무가입 기간은 최소 3년이다. 다시 말해 3년 동안은 출금하면 안

O ISA 주요 내용

가입 자격	19세 이상 거주자(단 15세 이상은 근로소득 필요), 전 금융기관 1인 1계좌 가능, 직전 3년간 **금융소득종합과세 대상자**는 제외
의무가입 기간	3년(계약 기간 연장 가능, 해지 및 만기 후 재가입 가능)
납입 한도	연 2천만 원(5년 최대 1억 원), 납입 한도 이월 가능
세제 혜택	이익과 손실 통산 후 200만 원까지 비과세, 초과금액은 9.9% 분리과세, 총급여 5천만 원(종합소득액 3,800만 원) 이하 및 농어민은 400만 원까지 비과세
중도해지	법령에서 정한 부득이한 사유(사망, 해외 이주, 천재지변, 퇴직, 사업장 폐업, 3개월 이상 입원치료 또는 요양이 필요할 때) 이외에 중도해지 시 과세특례 적용해 소득세 상당을 추징

된다는 이야기다. 의무가입 기간을 지키지 않고 중도해지 시 그간 적용받은 세제 혜택을 돌려내야 한다.

필자가 생각하는 ISA의 장점은 '의무가입 기간'에 있다. 세제 혜택을 위해서라도 최소 3년은 묵혀야 하기 때문에 서두르지 않게 되고 심리적으로 판단이 흐려지는 변수도 적다. 의무가입 기간만 지키면 보유한 자산을 사고팔고 하는 데 아무런 제약이 없다. ISA는 크게 '일임형' '중개형' '신탁형'으로 구분되는데 ETF에 직접투자하고 싶다면 중개형 계좌를 활용하면 된다.

ISA는 이익과 손실을 통산 후 200만 원까지 비과세되며, 초과금

○ 일반 계좌 vs. ISA

예시: 2개 금융상품 A와 B에 투자해 A에서 1천만 원 수익, B에서 100만 원 손실

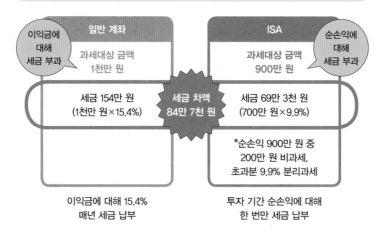

액의 경우 9.9% 분리과세를 적용한다. 말로 들으면 이해가 잘 안 될 수 있다. 예시 자료는 같은 조건(2개 금융상품 A와 B에 투자해 A에서 1천만 원 수익, B에서 100만 원 손실)에서 일반 계좌와 ISA를 활용한 경우를 비교한 모습이다.

일반 계좌를 사용한 경우 이익금에 대해 세금을 부과하기 때문에 A의 이익금 1천만 원에 15.4% 세율을 적용해 154만 원의 세금을 낸다. 물론 주가 차익에 따른 이익은 5천만 원 이상부터 과세 대상이지만, 배당소득의 경우 원천징수 후 입금되기 때문에 배당 수익을 목적으로 하는 개인투자자라면 ISA를 활용하는 것이 유리한 방법일 수 있다. ISA는 순익과 손실을 상계해서 세금을 부과하기 때문에 A의 순익 1천만 원에 B의 손실 −100만 원을 상계해 900만 원에 세금을 부과한다. 게다가 ISA의 세제 혜택으로 200만 원까지 비과세이기 때문에 초과분인 700만 원에 9.9%를 세율을 적용해 세금은 69만 3천 원에 불과하다. 두 사례만 놓고 본다면 세금의 차이는 무려 84만 7천 원이다.

요약하면 ISA의 장점은 크게 2가지다. 하나는 의무가입 기간 3년을 지켜야 하기 때문에 자연스럽게 중장기적인 투자 전략을 가질 수 있다는 점이고, 다른 하나는 비과세 혜택 및 절세 효과를 누릴 수 있다는 점이다. 3년 이상 자산 증식을 목적으로 꾸준히 묵힐 수 있는 자금이 있다면 ISA를 활용하는 것도 좋은 선택지다.

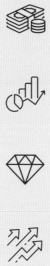

- 만일 목돈 마련을 위해 적금 대신 ETF를 사겠다고 다짐했다면 반드시 매월 일정량 이상의 자금을 ETF를 매입하는 데 써야 한다. 한 달이라도 다른 데 써서는 안 된다.

- ETF가 담고 있는 구성 종목과 관련 사업의 매출 비중도 꼼꼼히 확인해야 한다.

- 배당락일에 배당에 대한 권리가 발생하면 ETF는 '예상배당금'이라는 이름 으로 이를 순자산가치에 반영한다. 이후 투자자에게 분배금이 지급되면 자 동적으로 순자산가치가 줄어들면서 주가가 하락할 가능성이 커진다.

- 리밸런싱을 위해선 먼저 시장 주도 섹터를 선별해야 한다. 꾸준히 시장수익 률보다 높은 성과를 내기 위해서는 시장 상황에 맞게 시장을 주도하는 특정 섹터에 집중하는 ETF를 보유할 필요가 있다.

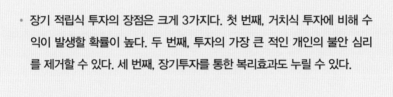

- 장기 적립식 투자의 장점은 크게 3가지다. 첫 번째, 거치식 투자에 비해 수익이 발생할 확률이 높다. 두 번째, 투자의 가장 큰 적인 개인의 불안 심리를 제거할 수 있다. 세 번째, 장기투자를 통한 복리효과도 누릴 수 있다.

- ISA를 활용하면 세제 혜택을 기대할 수 있다.

당신이 끊임없이
사고하고 고민하기를

　주식시장은 미래를 먼저 반영한다. 경제는 계속해서 성장하고 발전함과 동시에 빠르게 변하기 때문에 그 선행지표인 주식시장 역시 빠르게 움직이고 변한다. 우리는 예측하기 어려운 주식시장에서 살아남아 '성장'이란 목마에 올라타 자산을 불려나가야만 하는 숙제를 안고 있다. 대부분의 사람은 이 숙제를 풀어나가는 과정에서 하면 안 되는 큰 실수를 범한다. 기본 중의 기본을 지키지 못한다. 바로 투자하는 자산의 성격을 정확하게 구분하지 않고 유행에 따라 요행을 기대하며 투자하는 것이다.

　목적과 자산의 성격에 따라 우리의 투자는 달라져야 한다. 냉장고에는 여러 가지 음식이 있고 각기 다른 유통기한을 가지고 있다.

유통기한이 7일밖에 안 남은 음식은 7일 내에 꺼내서 먹어야 한다. 반면 6개월이나 되는 잼과 같은 음식은 조금씩 오래 두고 먹어도 된다. 투자를 시작하기에 앞서 내가 투자하려는 자본금이 얼마나 오랫동안 꺼내 쓰지 않아도 되는 자금인지, 도중에 불가피하게 현금화하지 않고 투자를 계속할 수 있는 돈인지 유통기한을 생각해 볼 필요가 있다. 그래야 안정적으로 오랫동안 수익을 쌓을 수 있다. 돈의 유통기한이 명확해지면 그에 따라 전략을 세우고 투자할 자산을 고르면 된다. 필자는 대부분의 실패가 이 과정을 간과했기 때문에 벌어졌다고 생각한다.

이 책을 끝까지 읽었다면 투자할 자산과 전략은 어느 정도 머릿속에 그려졌을 것이다. 독자 여러분에게 꼭 당부하고 싶은 건 끊임없이 사고하고 고민하라는 것이다. 주식시장은 계속해서 변화한다. 10년 전에 유효했던 전략이 지금의 시장에서 먹힐 수도, 아닐 수도 있다. 한 가지 확실한 건 끊임없이 사고하고 고민하며 이 책을 읽었다면 시장에 영향을 미치는 요인들, 그리고 요인들 간의 상관관계에 대한 이해도가 한 층 높아졌으리라는 점이다. 주가가 오르는 데 필요한 요인은 무엇이고, 그러한 요인은 어떤 지표를 보면 알 수 있는지를 말이다.

누구나 꿈꾸지 않는가? 투자소득이 근로소득보다 커지는 순간을. 이 책이 그 순간에 한 발 더 가까워지는 계기가 되길 희망한다.

주식시장은 인내심 없는 사람의 돈을
인내심 있는 사람에게 이동시키는 도구다.

_워런 버핏

섹터별 대표 ETF 종목

1. 금융업(Financials)

자금의 융통 및 공급과 관련된 영리사업. 은행업이 대표적이지만 이 밖에 금고·
조합 등 금융업의 범주는 광장히 넓다.

구분	티커	종목명	운용사	상장일
1	XLF	Financial Select Sector SPDR Fund	스테이트 스트리트	1998년
2	VFH	Vanguard Financials Index Fund	뱅가드	2004년
3	KRE	SPDR S&P Regional Banking ETF	스테이트 스트리트	2006년

2. 부동산(Real Estate)

부동산 섹터는 주로 리츠라 불리는 부동산투자신탁 기업으로 구성되어 있다. 리츠 주식은 부채 비율이 높고, 배당 성향이 높은 특징을 갖고 있다. 실물자산을 기반으로 안정적인 현금흐름을 가져갈 수 있다.

구분	티커	종목명	운용사	상장일
1	VNQ	Vanguard Real Estate Index Fund	뱅가드	2003년
2	SCHH	Schwab U.S. REIT ETF	찰스 슈왑	2011년
3	XLRE	The Real Estate Select Sector SPDR Fund	스테이트 스트리트	2015년

3. 산업(Industrials)

산업 섹터는 그 범주가 굉장히 광범위하다. 건설장비, 전기장비, 기계 제조업에서부터 유통으로 분류되는 항공, 철도를 비롯해 국방, 건설 등이 포함된다.

구분	티커	종목명	운용사	상장일
1	XLI	Industrial Select Sector SPDR Fund	스테이트 스트리트	1998년
2	VIS	Vanguard Industrials Index Fund	뱅가드	2006년
3	IYJ	iShares U.S. Industrials ETF	블랙록	2000년

4. 에너지(Energy)

석유, 석탄, 수력, 원자력 등 전기와 동력을 만드는 자원을 에너지 자원이라 부른다. 최근에는 환경 문제가 대두되면서 이를 대체할 신재생 에너지, 바이오 에너지가 향후 에너지 섹터를 좌우할 것으로 보인다.

구분	티커	종목명	운용사	상장일
1	XLE	Energy Select Sector SPDR Fund	스테이트 스트리트	1998년
2	VDE	Vanguard Energy Index Fund	뱅가드	2004년
3	AMLP	Alerian MLP ETF	SS&C	2010년

5. 원자재(Basic Materials)

각종 금속, 화학, 건축자재 등 소재를 다루는 기업으로 구성되어 있는 섹터다. 해당 섹터에 속하는 기업들은 경기 순환에 굉장히 민감한 편이다.

구분	티커	종목명	운용사	상장일
1	XLB	Materials Select Sector SPDR Fund	스테이트 스트리트	1998년
2	VAW	Vanguard Materials Index Fund	뱅가드	2004년
3	IYM	iShares U.S. Basic Materials ETF	블랙록	2000년

6. 유틸리티(Utilities)

유틸리티 섹터 기업들은 전기, 물, 가스, 등 필수적인 서비스를 제공한다. 일반적으로 공공 서비스 기업으로 분류되는데, 규제 산업에 속하기 때문에 변동성이 상대적으로 낮은 편이다.

구분	티커	종목명	운용사	상장일
1	XLU	Utilities Select Sector SPDR Fund	스테이트 스트리트	1998년
2	VPU	Vanguard Utilities Index Fund	뱅가드	2004년
3	IDU	iShares U.S. Utilities ETF	블랙록	2000년

7. 임의소비재(Consumer Discretionary)

임의소비재 섹터 기업들은 필수소비재에 비해 상대적으로 덜 필수적이고, 소비자의 재정 상태에 따라 구매 패턴 변동성이 심한 제품 및 서비스를 제공한다.

구분	티커	종목명	운용사	상장일
1	XLY	Consumer Discretionary Select Sector SPDR Fund	스테이트 스트리트	1998년
2	VCR	Vanguard Consumer Discretionary Fund	뱅가드	2005년
3	IYC	iShares US Consumer Discretionary ETF	블랙록	2000년

8. 정보기술(Technology)

정보기술 섹터는 전기통신, 컴퓨팅, 방송, 통신망 등 유형 및 무형의 기술 분야를 영위하는 기업이 주를 이룬다. 이 밖에도 정보기술 섹터는 검색, 수집, 가공, 저장, 수신 등 정보 유통과 관련된 기술 수단을 활용하는 기업을 포함한다.

구분	티커	종목명	운용사	상장일
1	QQQ	Invesco QQQ Trust	인베스코	1999년
2	VGT	Vanguard Information Technology Index Fund	뱅가드	2004년
3	XLK	Technology Select Sector SPDR Fund	스테이트 스트리트	1998년

9. 커뮤니케이션 서비스(Communication Service)

한국거래소 GICS 산업 분류에 따르면 커뮤니케이션 서비스 섹터에 포함되는 업종은 통신서비스, 미디어, 엔터테인먼트 등이다.

구분	티커	종목명	운용사	상장일
1	XLC	Communication Services Select Sector SPDR Fund	스테이트 스트리트	2018년
2	VOX	Vanguard Communication Services Index Fund	뱅가드	2005년
3	FCOM	Fidelity MSCI Communication Services Index ETF	피델리티	2013년

10. 필수소비재(Consumer Staples)

필수소비재란 식료품, 치약, 휴지처럼 경기와 무관하게 필수적으로 소비해야 하는 상품을 의미한다. 필수소비재 섹터 기업들은 경기가 둔화되거나 침체될 때 상대적으로 빛을 발하는 경향이 있다.

구분	티커	종목명	운용사	상장일
1	XLP	Consumer Staples Select Sector SPDR Fund	스테이트 스트리트	1998년
2	VDC	Vanguard Consumer Staples Fund	뱅가드	2004년
3	IYK	iShares US Consumer Staples ETF	블랙록	2000년

11. 헬스케어(Healthcare)

헬스케어란 치료 부문 의료 서비스를 말하며 질병 예방 및 관리를 포함한다. 최근에는 정보통신기술과 결합한 스마트 헬스케어 개념도 등장했다.

구분	티커	종목명	운용사	상장일
1	XLV	Health Care Select Sector SPDR Fund	스테이트 스트리트	1998년
2	VHT	Vanguard Health Care Index Fund	뱅가드	2004년
3	IBB	iShares Biotechnology ETF	블랙록	2001년

주요 시장지수 ETF 종목

1. 미국 S&P500

구분	티커	종목명	운용사	상장일
1	SPY	SPDR S&P 500 ETF Trust	스테이트 스트리트	1993년
2	VOO	Vanguard 500 Index Fund	뱅가드	2010년
3	IVV	iShares Core S&P 500 ETF	블랙록	2000년

2. 미국 다우존스

구분	티커	종목명	운용사	상장일
1	DIA	SPDR Dow Jones Industrial Average ETF Trust	스테이트 스트리트	1998년
2	DDM	ProShares Ultra Dow30	프로쉐어스	2006년
3	UDOW	ProShares UltraPro Dow30	프로쉐어스	2010년

3. 미국 나스닥

구분	티커	종목명	운용사	상장일
1	QQQ	Invesco QQQ Trust	인베스코	1999년
2	QLD	ProShares Ultra QQQ	프로쉐어스	2006년

4. 미국 러셀

구분	티커	종목명	운용사	상장일
1	IWM	iShares Russell 2000 ETF	블랙록	2000년
2	VTWO	Vanguard Russell 2000 Index Fund	뱅가드	2010년

5. 글로벌 지수

구분	티커	종목명	운용사	상장일
1	VEU	Vanguard FTSE All-World ex-US Index Fund ETF	뱅가드	2011년
2	VT	Vanguard Total World Stock Index Fund	뱅가드	2008년
3	ACWI	iShares MSCI ACWI ETF	블랙록	2008년

6. 선진국 지수

구분	티커	종목명	운용사	상장일
1	VEA	Vanguard Developed Markets Index Fund	뱅가드	2007년
2	EFA	iShares MSCI EAFE ETF	블랙록	2001년
3	SPDW	SPDR Portfolio Developed World ex-US ETF	스테이트 스트리트	2007년

7. 이머징마켓

구분	티커	종목명	운용사	상장일
1	VWO	Vanguard Emerging Markets Stock Index Fund	뱅가드	2005년
2	IEMG	iShares Core MSCI Emerging Markets ETF	블랙록	2012년
3	FNDE	Schwab Fundamental Emerging Markets Large Company Index ETF	찰스슈왑	2013년

8. 유럽 지수

구분	티커	종목명	운용사	상장일
1	EZU	iShares MSCI Eurozone ETF	블랙록	2000년
2	VGK	Vanguard FTSE Europe ETF	뱅가드	2005년

9. 아시아 지수

구분	티커	종목명	운용사	상장일
1	AAXJ	iShares MSCI All Country Asia ex Japan ETF	블랙록	2008년
2	AIA	iShares Asia 50 ETF	블랙록	2007년

10. 태평양 지수

구분	티커	종목명	운용사	상장일
1	VPL	Vanguard Pacific Stock Index Fund	뱅가드	2005년
2	EPP	iShares MSCI Pacific ex Japan ETF	블랙록	2001년

저자와의 인터뷰

Q. 유튜브 '퇴근후몰빵'을 통해 다양한 경제·주식 이야기를 풀어주고 있는
데, ETF에 대한 책을 쓰게 된 계기는 무엇인가요?

A. 실제로 본업이 있는 개인투자자의 경우 개별 기업을 선별해 투
자하기가 쉽지 않습니다. 너무 많은 시간과 노력이 필요한 일이
죠. 책에서도 언급했듯이 개별 기업의 실적을 추적해야 하고, 사
업 진행상황을 적어도 한 달에 한 번씩은 업데이트해 포트폴리
오에서 뺄지 말지 결정해야 하기 때문입니다. 신경 써야 할 것
이 한두 가지가 아닙니다. 퇴근 후 여가시간을 온전히 쏟아부어
도 쉽지 않죠. 그래서 본업이 따로 있는 개인투자자라면 전략적
으로 ETF에 투자하는 것이 맞다고 봅니다. ETF에 투자하면 포

트폴리오 리밸런싱, 경영 상황 파악, 실적 추정 등을 운용사에서 대신 해주기 때문에 따로 시간이 들지 않습니다. 그래서 직장인 이라면 개별 주식보다는 ETF 투자를 권합니다. 만일 좀 더 디테 일하게 직접 포트폴리오를 꾸리고 개별 기업을 분석하고 싶다 면 유튜브 '퇴근후몰빵' 채널을 참고해 공부하기 바랍니다.

Q. **주식투자를 한다면 기본적으로 산업에 대한 이해가 선행되어야 한다는 부분이 인상적이었습니다. 그 이유는 무엇인가요?**

A. 내가 투자하는 회사가 속해 있는 산업의 생태계를 제대로 이해 하지 못하면 그만큼 실패할 가능성도 높아집니다. 개인적으로 주식투자는 모니터 앞에 앉아서 하는 사업이라고 생각합니다. 만약 어떤 사업을 통해 돈을 벌고 싶다면, 창업을 하기 전에 조 사해봐야 할 것이 엄청나게 많을 것입니다. 내가 뛰어들고자 하 는 산업이 얼마나 성숙한 산업인지, 얼마나 더 성장할 가능성이 있는지, 경쟁자는 누가 있는지 확인하고 점검해야 성공할 수 있 을 것입니다. 주식투자와 사업이 다른 점은 주식의 경우 사업의 지분을 사오는 것이라고 생각하면 이해가 쉬울 것입니다. 주식 투자도, 사업도 산업의 생태계를 이해하지 못하면 좋은 수익률 을 올리기가 쉽지 않겠죠.

Q. 본문에서 적립식 장기투자의 중요성을 강조하셨는데요. 이를 실천할 경우 현실적인 목표수익률은 어느 정도라고 생각하시나요?

A. 글로벌 기축통화국인 미국의 대표 지수 S&P500의 연평균 수익률은 11% 정도입니다(2010~2023년 기준). 이보다는 좀 더 높은 수준의 이익을 가져갈 수 있도록 목표를 세워야 하지 않을까 싶습니다. 2023년 9월을 기준으로 제1금융권 예금 금리는 4% 초반인데요. 이렇게 높은 수준의 금리가 지속되기란 어려울 것으로 보입니다. 예전처럼 제로금리까진 아니더라도 2~3% 수준으로는 떨어질 것입니다. 이와 비교해보면 연평균 10% 이상은 절대 작은 수익률이 아니겠죠.

Q. 국내상장 ETF의 수만 수백여 가지에 이르는데요. 이 중에서 성과 좋고 유망한 ETF를 찾는 작가님만의 방법이 있다면 무엇인가요?

A. 제가 자주 활용하는 방법이 있습니다. 시장을 주도하는 섹터를 찾고 섹터별 가중치를 확인하는 것입니다(국내상장 ETF에만 국한되지 않습니다). 섹터 ETF는 결국 특정 산업이 지금 시점에서 얼마나 유망한지에 따라 수익률이 갈립니다. 이 부분을 고려해 포트폴리오를 짜는 건데요. 본문에서 소개하는 방법으로 섹터별 수익률을 확인한 다음, 성과가 좋지 못한 섹터가 갑자기 좋은 성과를 보이기 시작하면 투자 비중을 늘려가는 전략입니다.

Q. **책에서 투자성향에 따라 전략을 달리 세워야 한다고 강조하셨는데요. 초
보 투자자에게 가장 추천하는 방식은 무엇인가요?**

A. 가장 추천하고 싶은 방법은 취향에 맞게 분산투자하는 것입니
다. 예를 들어 본인이 좀 더 공격적으로 투자해서 수익률을 올리
고 싶다면 '장기적립식 투자:단기 섹터 로테이션 투자'의 비율을
4:6으로 가져갈 수 있고, 반대로 안정적으로 꾸준히 수익을 쌓는
것이 목적이라면 이 비율을 7:3 정도로 가져갈 수 있겠죠. 어떤
전략을 선택할지, 또 각기 어떤 전략으로 어떤 ETF를 살지에 대
해서는 본문을 참고하기 바랍니다.

자료 및 참고문헌

1. 중소벤처기업부(2022년 7월 28일), '2020년 기준 중소기업 기본통계'
2. 〈조선일보(2022년 5월 4일)〉, '10년 전 한국 코스피 대신 미국 S&P500을 사서 묵혔다면... [왕개미연구소]'
3. 송명섭(2022년), 『반도체 주가는 왜 실적과 반대로 갈까?』
4. 〈국민일보(2009년 7월 1일)〉, '현대모비스 R&D 투자 2015년까지 1조2000억', 〈산업일보(2009년 7월 23일)〉, '현대·기아차그룹, '녹색 R&D'에 4조1천억원 투자한다'
5. 제시 리버모어(2022년), 『투자의 원칙』
6. 〈한국경제(2023년 1월 31일)〉, '30돌 맞은 ETF, 투자 혁명을 이뤄내다'
7. 〈뉴스핌(2022년 12월 26일)〉, '2022년 동학·서학개미 폭망, 2023년 대박 투자는?'
8. 존 볼린저(2010년), 『볼린저 밴드 투자기법』
9. Kirill Perchanok·Iryna Hrytsyuk(2011년), 『The Encyclopedia of the Indicator RSI (Relative Strength Index)』

10. 〈한국경제(2023년 4월 27일)〉, '월가 차트분석 달인 "공포지수·MACD 지표가 증시 급등 가능성 예고"'

11. 〈머니투데이(2022년 4월 13일)〉, '이달말 분배락 다가온다…ETF 투자 전략은?'

12. 마이클 코벨(2014년), 『왜 추세추종전략인가』

주식보다 쉽고 펀드보다 효과적인 ETF 투자지도

초판 1쇄 발행 2023년 10월 5일
초판 5쇄 발행 2024년 9월 5일

지은이 | 최창윤
펴낸곳 | 원앤원북스
펴낸이 | 오운영
경영총괄 | 박종명
편집 | 이광민 최윤정 김형욱
디자인 | 윤지예 이영재
마케팅 | 문준영 이지은 박미애
디지털콘텐츠 | 안태정
등록번호 | 제2018-000146호(2018년 1월 23일)
주소 | 04091 서울시 마포구 토정로 222 한국출판콘텐츠센터 319호(신수동)
전화 | (02)719-7735   팩스 | (02)719-7736
이메일 | onobooks2018@naver.com   블로그 | blog.naver.com/onobooks2018

값 | 18,000원
ISBN 979-11-7043-456-6 03320